JN274833

# The Warren Buffett Stock Portfolio

Mary Buffett & David Clark
山田美明――訳

阪急コミュニケーションズ

# バフェットの株式ポートフォリオを読み解く

本書は、著者の意見やアイデアを述べたものであり、本文中で言及した企業の証券の売買を推奨するものではない。そのような判断には、投資につきもののリスクが伴うからである。著者や出版社が、本書の出版に関連し、法律、会計、投資、その他の専門的な事項に関する助言やサービス、あるいは金融関連の助言やサービスを行うことはない。法律は州ごとに異なり、取引によっては連邦法が適用される場合もある。専門家から金融その他のアドバイスや法律相談を受けたいという読者には、相応の専門家に助言を求めることをお勧めする。著者や出版社は、本書に記載された情報が正確であることを保証するものではない。本書の内容の使用または適用の結果、直接的あるいは間接的に、いかなる負債、損失、リスクが引き起こされたとしても、それが個人的なものか否かを問わず、著者や出版社は一切の責任を負わない。

**The Warren Buffett Stock Portfolio**
**by Mary Buffett and David Clark**

Copyright © 2011 by Mary Buffett and David Clark
All Rights Reserved.
Japanese translation rights arranged with
the original publisher, Free Press, a division of Simon & Schuster, Inc.
through Japan UNI Agency, Inc., Tokyo

装丁・本文デザイン　轡田昭彦／坪井朋子
カバー写真　Getty Images

# 目次

# I バフェットの投資戦略

# II ケーススタディおよび投資価値の評価

# はじめに

このきわめて多難な時代に本書を執筆するにあたり、まずはウォーレン・バフェットの次の言葉を紹介することにしよう。一九九〇～九一年の景気後退局面における言葉である。

　それにもかかわらず、ニューイングランドで経験した不動産不況と同じような現象がカリフォルニアでも起こるのではないかという懸念から、ウェルズ・ファーゴの株価は、一九九〇年の数カ月の間に五〇パーセント近く下落しました。確かに私たちは、これまで下落前の市価で株式を購入していましたが、それでも下落は大歓迎でした。さらに多くの株式を恐慌価格で購入できるからです。
　生涯にわたり投資を続けていきたいという投資家であれば、市場の変動に対し、同様の考え方をすべきです。それなのに、愚かにも株価が上がれば有頂天になり、株価が下がればふさぎ込む、そんな投資家がたくさんいます。

バフェットは常に、誰も見向きもしない時が株の買い時だと主張してきた。二〇〇八～

〇九年の景気後退局面でも、その機会は訪れた。そしてこの深淵に思い切って足を踏み入れた者は、その多大な恩恵を受けることができた。実際、二〇一一年末から二〇一二年初頭の株式市場に目を向けてみれば、一九八〇年代以前のような株価収益率（ＰＥＲ）で株式が取引されていることがわかるだろう。コカ・コーラの場合、一九九九年のＰＥＲは四七倍だったが、現在は一六倍である。スーパーマーケットチェーン大手のウォルマートも、二〇〇一年のＰＥＲは三八倍だったが、現在は一二倍で取引されている。プロクター＆ギャンブルも例外ではない。二〇〇〇年のＰＥＲは二九倍だったが、現在は一六倍に下がっている。これは何を意味するのだろうか？

それはつまり、数多くの経済学者が「未曾有の大恐慌」と呼ぶこの不況が五年目に差しかかっている今、一部の優良企業の株式が割安な価格で取引されているということだ。長期にわたり優れた経済力を保持している企業の株式が、低いＰＥＲで取引されており、投資家に富を増やすまたとない機会を提供しているのである。とはいえ、手っ取り早く利益を手に入れる機会があるわけではない。複利ベースの投資収益率が年平均八～一二パーセント程度あれば、それが一〇年続くと、かなりの利益を生み出すことができる。市場は今、そんな収益の機会を提供してくれているのだ。ヨーロッパの銀行の経営悪化やアメリカの失業率などの悪材料が重なり、株価が下落している現在、バリュー志向の投資家に絶好のチャンスが訪れている。

前著『史上最強の投資家バフェットの財務諸表を読む力――大不況でも投資で勝ち抜く58のルール』（邦訳・徳間書店、二〇〇九年）では、企業がバフェットの言う「永続的な競争優位性」を持っているかどうかを確認する手段として、企業の財務諸表を分析する方法を紹介した。この「永続的な競争優位性」こそが、企業が長期にわたり優れた経済力を保持していけるかどうかを示す指標なのである。そこで本書では、バフェットがすでに永続的な競争優位性を持っていると判断した企業のみを取り上げることにした。いずれも、バフェットが自身のため、あるいは自身の持株会社バークシャー・ハサウェイのために、長期投資の対象として選んだ企業である。これらの企業の株式は、現下の不況のために割安な価格で売られており、これから長期にわたりかなりの成長を見込むことができる。

本書のねらいは、投資価値を算出する方法を教え、現行市場価格で投資を行った場合の将来の収益などについて、読者が妥当な予想を立てられるようにすることにある。バフェット流の考え方によれば、株価が下がるにつれて、投資が成功する見込みは高まる。この見込みを数値に換算できれば、その株価が割安で魅力的かどうかを判断することが可能になる。

本書ではまず、バフェットのこれまでの投資戦略を概観し、それから、企業の一株あたり利益（ＥＰＳ）や一株あたり純資産（ＢＰＳ）の実績を分析する方法を説明する。これにより、永続的な競争優位性を持つ企業を素早く特定し、今後その企業に投資した場合の期待収益率を算定できるようになるはずだ。その後、バフェットの現在の株式ポートフォリオを構成する一七の企業についてケーススタディを行い、それぞれの企業について投資価値の評価を行う。最後に、バークシャー・ハサウェイのその他三名の投資マネージャーが行う投資についても簡単に触れておきたい。

これまでの経験から判断するかぎり、通常の景況であれば、本書で行った一〇年先の予想に間違いはないと思われる。なお、本書の予想はいずれも控えめに見積もったものであることを付記しておく。

本書を読み終えたあかつきには、永続的な競争優位性を持つ企業かどうか、企業の株式が割安な価格で売られているかどうかを、即座に判断できるようになるに違いない。

現在バークシャー・ハサウェイには、ポートフォリオの銘柄を選択する人物が四人いる。そのトップに立つのがウォーレン・バフェットだ。バークシャーの投資判断の九九パーセントは、バフェットによるものである。そしてチャーリー・マンガーがいる。マンガーはしばしばバフェットの相談相手になるとともに、わずかながら、持ち前の熱意で独創的な投資を行っている。残りの二人はどちらも新人である。一人は、二〇一〇年にバフェットがバークシャーの銘柄選びを手伝わせるために雇ったトッド・コームズ、もう一人は、ポートフォリオ・マネージャーとして二〇一二年初めにバークシャーに入社したテッド・ウエシュラーだ。本書の大部分は、バフェットが個人的に投資している企業、あるいはバークシャーが投資決断をした企業のみを扱っている。しかし、チャーリー・マンガー、トッド・コームズ、テッド・ウェシュラーの投資に興味のある方もいるだろう。そんな読者のために、この三人がそれぞれどのような投資スタイルを持っているのか、バークシャーのポートフォリオにどれほどの貢献をしているのかといったことも、本書の末尾で概観している。

それでは早速、バフェットの株式ポートフォリオの探索に出かけることにしよう。

メアリー・バフェット、デビッド・クラーク

# I

# バフェットの投資戦略

# 第1章　バフェットの投資戦略の歴史と進化

バフェットの投資手法はさほど難しいものではない。しかしそれは、九九パーセントの投資家が従っている投資理論や投資戦略とは相容れない場合が多い。では、バフェットの手法のどこが一般的な戦略とは違うのだろうか？　バフェットは、ほかの投資家が先を争って株式を売り払っている時に「特定の」銘柄を買い込む。ここで重要なのは「特定の」という部分だ。バフェットは、選りすぐりの銘柄、すなわち「永続的な競争優位性」を持つ企業を選んでいるのである。

さらにバフェットは、誰もが「買い」に走るような上げ相場で売り抜け、現金持ち高を大きく増やす。そして上げ相場が頂点に達するまでの二〜三年の間、何もしないでいる。その姿は、株価が無限に上昇していくように思える上げ相場で、あぶく銭を手にするチャンスをみすみす逃しているかのように見える。

実際、過去二度の上げ相場で市場が高騰した際、当時の投資評論家たちはバフェットをなじって、バフェットは腕が落ちたとか、もはや最盛期を過ぎたと言い立てた。しかし、その市場が最終的に暴落し、誰もが株式を売り払おうと躍起になっている時に、世界的な優良企業の株式を割安価格で購入している者がいた。誰あろうウォーレン・バフェットである。

バフェットは当初、一九六〇年代後半のように上げ相場が狂乱状態に達し始めたら、市場から売り抜ける戦略を取っていた。しかし後の時代になると、株価があまりに高騰した場合には買いを控えるだけになった。こうしてバークシャー・ハサウェイの現金持ち高を増やし、いずれ必ず訪れる株価の暴落時に買いに回れるよう備えるのである。バフェットががらくたの山から将来成功しそうな投資先を見つけることができるのは、個々の企業を動かすミクロ経済の力を十分に理解しているからにほかならない。バフェットは、長期にわたり優れた経済力を保持している企業に投資する。こうした優良企業は、二〇～四〇年という長いスパンで投資を行えば、多額の利益をもたらしてくれることがわかっているからだ。

このようにバフェットは、株式市場が暴落した時に、優れた経済力を持つ企業の株式を買い、市場や株価が持ち直した時に売る。こうして将来投資するための現金を蓄えるのである。バフェットはまた、個別企業の独自の悪材料により、その企業が本来持つ経済力から判断される価値よりも株価が一時的に下がった場合にも買う。さらにバフェットは、アービトラージの分野でも好成績を上げており、巨額の現金を生み出している。

バフェットの成功の秘訣は、まず初めに、ほかの投資家が現金を持っていない時に現金を持つことにある。後はひたすら待つ。そして株式市場が下落し、優良企業の株価が割安になったその時に買いに出るのである。その後、市場が持ち直して株価が上昇すると、ごく優良な企業の株式は持ち続けるが、平均的な企業の株式は徐々に売り払い、現金を蓄え始める。やがて市場が高騰を始めると、配当および株式売却による余剰収入は現金勘定にため込み、永続的な競争優位性を持つ企業の株式だけを残す。こうした企業はいずれ、長期にわたり巨万の富を生み出し続けることになる（バフェットはさらに、バークシャーの全子会社からの現金収入を蓄積している。個人投資家が、獲得した余剰収入をマネーマーケットアカウントにため込むようなものである）。

バフェットはこのサイクルを何度も繰り返し、最優良企業で構成される巨額のポートフォリオを持つに至った。そしてその過程で、世界第三位の個人資産を築き上げた。

バフェットが長期にわたり優れた経済力を保持していると判断した企業、つまりバフェットが現在株式を保有している企業については、後に紹介する。その際には、現在の株価で買うと収益率はどの程度なのか、いくらぐらいで買えば満足のいく収益率になるのかといった、投資価値を算出する方法も説明したい。

## 割安銘柄への短期投資から
## 永続的な競争優位性を持つ企業への長期投資へ

バフェットはまだ駆け出しのころ、バリュー投資の父として知られる「ウォール街の最長老」ベンジャミン・グレアムの影響下にあった。グレアムはもともと、割安状態の債券を探す債券アナリストだったが、間もなく自身の投資理論を普通株にも応用し始めた。株式市場が過小評価していると判断した企業を見つけ、その株式を購入すると、いずれその株式が市場に高く評価されることを願い、三年間保有し続けたのである。しかし、一九二九年と一九三二年の大暴落により、ほとんど無一文になってしまった。それでもグレアムはあきらめることなく、出資してくれた投資家に失った金額を取り戻すと明言した。世界恐慌の影響で大幅に下落してしまった株価を持ち直しつつある企業がたくさんあることに気づいたのだ。

この世界恐慌は、株価にどれほどの影響を与えたのだろうか？　もはや覚えている人も少ないが、一九二九年から一九三二年の間に、ダウ工業株平均は三八〇から四三へ、およそ八八パーセントも下落した。それを現在に置き換えてみると、現在のダウ工業株平均が一万二〇〇〇ほどなので、それがおよそ一五〇〇へと急落した計算になる。この世界恐慌が株価に与えた影響ははなはだ大きく、市場が立ち直るまでに二四年間を要した。一九五六年になってようやく、ダウ工業株平均が一九二九年当時の水準である三八〇に戻ったのである。

一九二九〜三二年の株価暴落は、世界経済にかつてない損害をもたらした。安定した優良企業さえ需要を失った。需要を失うにつれ、従業員を解雇し、生産を縮小したため、経済はさらに深く苦境へと陥っていった。しかし経済が上向き始めると、より強固な企業の株価は、二番手、三番手の企業よりもかなり早い立ち直りを見せた。強固な企業とは、ブランド製品メーカーなど、長期にわたり何らかの競争優位性を保持している企業である。一方、二番手、三番手の企業の多くは、永続的な競争優位性を持たず、資本力にも欠けていたため、上げ相場になる一九五〇〜六〇年代になるまで、株価を回復させることができなかった。

グレアムが一九三〇年代、四〇年代、五〇年代に目をつけたのは、ほとんどの投資家が名前を聞いたこともない二番手、三番手ランクの企業だった。こうした企業の株価は、世界恐慌のあおりを受けて低迷していたからだ。バフェットも当初はグレアムにならい、こうした割安な二番手、三番手企業に投資していた。

つまりこういうことだ。一九二九〜三二年に株式市場が暴落した後、永続的な競争優位性を持つ強固な大企業は、早々に経営を立て直し、それに伴い株価を回復させた。しかし一般投資家は総じて、暴落時にかなりの財産を失ったため株式市場を敬遠し、とりわけ二番手、三番手の企業に不信感を抱くようになった。その結果、時が経つにつれて業績を回復させ、きわめて好成績を上げる二番手、三番手企業も出てきたが、株価の反応は遅かった。そのためグレアムは、これらの企業の株式を、しばしば一株あたり純資産（ＢＰＳ）以下の価格で購入することができた。企業が徐々に業績を回復しても、グレアムのような投資家を除き、誰もこれらの企業に目を向けなかったからだ。グレアム流のバリュー投資は、「一ドルを五〇セントで購入する」機会を提供してくれる。そう考えたバフェットは、まさにその機会を利用した。

一九五〇～六〇年代、バフェットはこの有利な投資環境の中で実践練習を行った。その際によく参考にしたのが、「ピンクシート」と呼ばれる店頭株相場帳である。それには、店頭で取引されている二番手、三番手企業の株式の取引相場が印刷されており、グレアムもバフェットも割安銘柄を探す際によく利用していたという。やがて、恐慌時に大挙して逃げ出した個人投資家が、再び株式市場に魅力を感じるようになると、過小評価されていた二番手、三番手企業の株価も上昇を始めた。こうして一九六〇年代に一般投資家が株式市場に戻ってきたことで株価は上昇を続け、バフェットに、あるいはバフェットに出資していた投資家に多大な利益をもたらした。

## 一九七三～七四年の暴落

一九六〇年代後半、株式市場がどんどん高騰していくにつれ、バフェットが新たに購入したいと思う銘柄は次第に少なくなっていった。そのころには、二番手、三番手企業の割安株が底を尽き始めていた。つまり、株式市場でバフェットが利益を上げられる機会が減ってきたのだ。一ドルを五〇セントで購入できる日々は終わりを告げた。

バフェットは不安を感じていた。投資すべき割安銘柄を見つけるのが困難になってきたからだけではない。株式市場が驚くほどの高値に達していたからだ。エイボン・プロダクツなどの人気消費関連株の株価収益率（ＰＥＲ）は、常に五〇～七〇倍を記録していたほどである。学生時代に金融史を学んだバフェットは、こんな状態が永遠に続くはずがないことを知っていた。最終的にバブルは弾け、株価は暴落するに違いない。バフェットはまた、グレアムが一九二〇年代後半に、高騰する株式市場から手を引くことに失敗した話を聞かされていた。上げ相場が生み出すあぶく銭に夢中になったグレアムは、上げ相場の山の頂まで登り詰めた挙句、崖から転落し、自分や出資者の資金を大量に失ってしまったのだ。グレアムは確かに割安銘柄を見つける天才だったが、市場があまりに過熱した時には手を引くべきことを知らなかった。

一九六九年バフェットは、グレアムが一九二九年にできなかったことを成し遂げた。チップを換金し、ゲームから手を引いたのだ。つまり、投資ポートフォリオを売り払って現金化し、出資者に多大な利益を分配すると、投資パートナーシップを閉鎖し、それから三年間何もしなかった。バフェットの言葉を借りれば、ほかの投資家が多額のあぶく銭を稼いでいる間、「手をこまねいていた」のである。この三年間は、生涯でもっとも長い三年間だったらしいが、それでもバフェットは身動きすることなく、現金を持ち続けた。

やがて一九七三年初めに、投機の狂乱がピークに達した。石油価格が急騰し、金利が五パーセントから一〇パーセントに跳ね上がった。そしてその後、すべてが急落し始めた。それから一年半の間に、ダウ工業株平均は四五パーセント以上下落した。

バフェットは前述したとおり、一九六九年に株式市場から手を引いていた。しかし、ここに興味深い話がある。バフェットの友人で仕事仲間でもあるチャーリー・マンガーは、当時自身のヘッジファンドを運営していたのだが、最後まで株式市場に留まり、グレアムと同じ過ちを犯した。つまり、一九七三～七四年の暴落で、マンガーのパートナーは出資額の五三パーセントを失ったのだ。一九七三年初めにマンガーのヘッジファンドに一〇〇万ドル出資していたとしたら、一九七四年末までにはその残高は四七万ドルに減少していたことだろう。この体験に震え上がったマンガーは、一九七六年に回復基調に転じた市場で、失ったパートナーの出資金の一部を取り戻すと、早々にヘッジファンドを閉鎖してしまった。

一方のバフェットは、一九七三年に市場が暴落し、アメリカの最優良企業の株式が割安価格で取引されるようになった時には、買いに走る準備がすっかり整っていた。バフェットによれば、当時は「セックスに飢えた男がハーレムに来たようなものだった」らしい。バフェットはこうして、一九七三年末に市場に戻ってきた。しかし今回は、グレアムが選びそうな割安銘柄ではなく、もっと良質の銘柄を求めた。永続的な競争優位性を持つ企業、長期的に見て投資家に多大な利益をもたらしてくれそうな企業である。

バフェットは一九六〇年代後半になって気づいたのだ。自分がこれまで一ドルあたり五〇セントで購入してきた割安銘柄の多くは、バフェットの言葉を借りれば「あと一、二度ふかせる程度のシケモク」でしかない。そのような銘柄は、長期投資の対象としては劣っているということだ。ビジネスの世界は、全く異なる二種類の企業で構成されている。一つは、平均的もしくはそれ以下の経済力しか持たない企業である。世界の企業の大多数はこれに当てはまるが、こうした企業は長期投資をしてもメリットは薄い。もう一つは、ほんの一握りの、優れた経済力を持つ企業である。優れた経済力とは、バフェットの言う「永続的な競争優位性」のことだ。この競争優位性があれば、長期にわたり、企業として優れた業績を上げることも、投資家に多大な利益をもたらすことも可能になる。

一九七三年、バフェットは買いに奔走した。買ったのは、以前購入していたようなグレアム流の割安銘柄ではない。永続的な競争優位性を持つ企業の銘柄、長期間保有していれば世界有数の億万長者になれそうな銘柄である。

こうしてバフェットは、アメリカの最優良企業の株式を割安価格で購入した。ワシントン・ポストの株式を購入したのも、この一九七三年だった。購入株数は一七二万七七六五株、総取得コストは一一〇〇万ドル（一株あたり六・三六ドル）である。現在、この投資残高はおよそ六億一六〇〇万ドルに達している。五五〇〇パーセントの増加であり、三八年間の年平均収益率は複利ベースで一一・一七パーセントとなる。どんな投資家にも十分満足のいく数字ではないだろうか？

## ここで学ぶべき重要な教訓

バフェットは、株価がかなり高騰していると感じた一九六九年に市場から手を引き、現金を手元に置いておいた。さらに高騰していく市場を見て、投資の専門家はそんなバフェットを嘲笑った。しかし、一九七三～七四年に市場が暴落した時、バフェットは有り余るほどの現金で、真に優れた企業の株式を超低価格で購入することができたのである。

## 二〇〇七年——悪夢の再来

では、二〇〇七年に話を移そう。当時バフェットは、市場が高騰し過ぎていると考え、多額の現金をバークシャー・ハサウェイ内に蓄積していった。その額は三七〇億ドルに達し、バークシャーは世界有数の資金力を有する企業となった。今回もウォール街の投資専門家は、賢明に現金をため込むバフェットのやり方を疑問視した。しかし、二〇〇八年に大暴落に襲われると、砂上の楼閣のように崩れようとしていた大手投資銀行や金融機関は、誰に助けを求めただろうか？　十二分に現金を持つ男、ウォーレン・バフェットである。バフェットは、バークシャーにため込んでおいた現金を利用し、アメリカ最大手の企業数社の株式を大量に買い込んだ。それは一世一代の取引だった。

まずは、世界的な大企業であるゼネラル・エレクトリックを相手に、固定配当率が年一〇パーセントの優先株三〇億ドル分を購入するとともに、同社の普通株三〇億ドル分を五年にわたり一株二二・五〇ドルで購入できる新株予約権を手に入れた。次いで、投資銀行最大手のゴールドマン・サックスとも同様の取引を結んだ。固定配当率が年一〇パーセントの優先株五〇億ドル分を購入したほか、同社の普通株五〇億ドル分を一株一一五ドルで購入できる権利を手に入れたのだ。さらに、世界第二位の再保険企業であるスイス・リーとも取引を行い、金利が年一二パーセントの転換優先株を二五億ドル分購入している。これらの優先株取引は非公開案件だったが、加えてバフェットは、公開の場でもバーリントン・ノーザン鉄道（現在のBNSF鉄道）株やウェルズ・ファーゴ株の購入に奔走した。こうしたバフェットの株式購入について、新聞や雑誌は、長期にわたり魅力的な価格で普通株を購入できる新株予約権を含め、きわめて寛大な条件で優先株を購入していると書き立てた。しかしこのような事例は、バフェットがこれまで行ってきた投資のごく一部にしか当てはまらない。

ところで、二〇〇七年の金融危機の際に、ベンジャミン・グレアムを崇拝するバリュー投資の信奉者はどこへ行ってしまったのか？　彼らもまた、一九二九～三二年当時のグレアムやほかの投資家同様、莫大な損失を被っていた。

実際にどのような契機で売買を行ったのかということについては後に述べるが、ここでは以下のことを覚えておいてもらいたい。つまりバフェットも、一九六九年に完全に市場から手を引くことがなければ、自身の資金にしろ出資者の資金にしろ、その大部分を失っていただろうということだ。

もう一つ注意すべき点は、その市場の暴落後バフェットは、以前のようなグレアム流の割安銘柄を購入しようとしなかったことである。バフェットが重点的に買い集めたのは、そのような銘柄ではなく、永続的な競争優位性を持つ優良企業銘柄だった。

## ここで確認しておくべき大切なこと

バフェットの投資哲学を理解するのは簡単だ。現金の持ち高を増やし、自分の望みどおりの株価になった時にその現金を利用すればいい。バフェットは個々の企業ごとにそれを実行している。つまりバフェットが見ているのは市場ではなく、企業の株価なのだ。そのためバフェットは、多種多様な企業の動向に目を光らせている。企業の株価が望ましいレベルにまで値下がりするのは、全般的な景気後退の場合（ワシントン・ポストなど）もあれば、特定産業のみが不況に陥る場合（ウェルズ・ファーゴなど）もあれば、個別の悪材料によって特定企業の株価だけが値下がりする場合（アメリカン・エキスプレスなど）もある。

バフェットが購入したいと思っているのは、競合企業に対し、長期にわたり何らかの競争優位性を有している企業の株式である。そんな株式を、下げ相場などを利用してできるだけ安い価格で購入し、できるだけ長く保持する。こうした優良企業の株式を手に入れたら最後、その企業を下支えしている経済力が変わらないかぎり保持し続けるのだ。

このように、バフェットの投資モデルは至ってシンプルである。現金を蓄えておき、永続的な競争優位性を持つ企業を見つけ、下げ相場でその株式を購入し、長期にわたり保有する。それだけだ。実に簡単そうではないだろうか？　要は、ほとんどの投資家が、上げ相場で買うという固定観念にとらわれ過ぎているところに問題があるのだ。つまり、上げ相場の時に現金を手元に備蓄していない。そのため、いざ下げ相場に襲われると、資金を失いおろおろするばかりで、せっかく値が下がっているのに、そのチャンスを生かすための現金に事欠くことになる。

前にも述べたように、バフェットの投資戦略はほかの投資家のやり方とは全く異なる。ほかの投資家が売っている時にバフェットは買う。周囲の人々が上げ相場で財を成したにわか成金に夢中になっている時に、バフェットは次の下げ相場が来た時に十分な資金を活用できるように、現金を蓄えておく。

そして下げ相場や恐慌が来た時には、ビジネスに関する優れた知識を利用し、長期にわたり優れた経済力を保持している企業の株式を購入するのである。

バフェットの投資戦略に従えば、ほかの投資家が市場から逃げ出している時に、市場に駆け込む。ほかの投資家が株式に投資している時に、現金を蓄える。市場ではなく価格を見る。こうした戦略は、どのような銘柄をどのタイミングで購入すべきかがわかっていれば、いずれも可能である。

どのような銘柄を選べばいいかが本書のテーマだと言うと、言い過ぎになるかもしれない。本書では、永続的な競争優位性を持つとバフェットが判断した企業、すでにバフェットのポートフォリオに含まれている企業しか取り上げていない。しかし、その企業の特徴について簡単に説明するとともに、現在の市場価格をもとにその企業の投資価値を算出する方法も紹介している。こうした情報を利用すれば、投資を検討している企業が、魅力的な投資先かどうか判断できるようになるはずだ。それではまず、バフェットは老舗企業を好むというあまり知られていない事実から、その説明を始めることにしよう。

# 第2章　バフェットのお気に入りは老舗企業

私たちが求める企業とは、安定した産業の中で長期にわたり競争優位性を保持している企業である。

ウォーレン・バフェット

私は、一〇年後、一五年後を予想できそうな企業を探している。リグレーのチューインガムを見てみるといい。インターネットが登場したとしても、ガムをかむ習慣が変わるとは思えない。

ウォーレン・バフェット

バフェットは「製品の今後を予想できるということは、今後の収益を予想できるということだ」と語っている。企業の収益を予想できれば、その企業に永続的な競争優位性があるかどうかを即座に把握することが可能になる。この収益が予想できるかどうかを判断する際、バフェットはまず、企業の製品やサービスがどのくらい前から存在しているかを確認する。同じブランド名の製品やサービスを五〇年以上提供している企業は、永続的な競争優位性を持っていると判断していい。

実際、バフェットの株式ポートフォリオを見ると、歴史ある製品やサービスを販売している老舗企業ばかりである。その例を以下に列挙してみよう。アメリカでもっとも人気の高いクッキーと言えば、クラフトフーズのナビスコ・オレオ・クッキーだが、これは一九一二年に市場に登場した。同社が加工チーズの製造を始めたのは一九〇三年である。昔からバフェットがひいきにしていたアメリカン・エキスプレスはニューヨーク市で一八五〇年に、バフェットお気に入りの銀行ウェルズ・ファーゴは一八五二年に開業している。コカ・コーラが発売されたのは一八八六年である。プロクター&ギャンブルは一八三七年に石鹸の販売を、ジョンソン・エンド・ジョンソンは一八八六年に包帯の販売を始めて事業をスタートさせた。製薬企業大手のグラクソ・スミスクラインは、一八八〇年に創業したグラクソ・ウェルカムと、一八三〇年に薬局を開店したスミスクライン・ビーチャムが合併したものだ。ウォルマートやコストコは、バフェットのポートフォリオに含まれる企業の中では歴史が浅いほうだが、それでもウォルマートは一九六二年に、コストコは一九八三年に創業している。

バフェットにとって、なぜ歴史のあることがそれほど重要なのだろうか？　それは、その企業が販売している製品やサービスと関係がある。一例としてコカ・コーラを取り上げてみよう。コカ・コーラは一〇〇年以上もの間、同じ製品を製造・販売している。新製品の研究開発にほとんど資金を投じることもなく、磨耗さえしなければ製造機械を取り替える必要もない。つまり工場や設備を、取り替える必要が生じるまで最大限経済的に使用することができる。

コカ・コーラを、たとえばインテルと比較してみよう。インテルは、半導体分野で競争優位性を維持するため、毎年数十億ドルもの額を研究開発に投じている。それだけの研究開発費を投じることができなければ、三〜四年後には、インテルが販売しているコンピュータ処理チップは時代遅れになり、使いものにならなくなってしまうだろう。だからこそバフェットは、コンピュータ関連の銘柄がいかに魅力的に見えても手を出さないのだ。コンピュータ産業やソフトウェア産業は変化があまりに速く、把握するのが難しい。そのため、その行く末をはっきりと見極めることができない。バフェットは、先まで見通せる道でなければ歩こうとしない。

歴史があるということは、製品の質が優れているということでもある。コカ・コーラがこの一〇〇年間同じ製品を販売してきたのであれば、今後一〇年、二〇年経っても同じ製品を販売しているとは考えられないだろうか？　五〇年後も、世界中の子供たちはオレオ・クッキーを食べているのではないだろうか？　実際バフェットは、そう確信している。

五〇年後の子供も、この一〇〇年間にオレオ・クッキーを食べてきた子供たち同様、同じクッキーを割って、はさんであるクリームをなめ、牛乳に浸しておいしそうにほおばることだろう。五〇年後の子供たちがそうすれば、クラフトフーズもバフェットも利益を上げることになる。

歴史があるということには、ほかにも重要な意味がある。それは、今後の収益を予想できるということだ。コカ・コーラのような製品が国内に定着してしまえば、そこから得られる利益はきわめて安定したものとなるため、今後の収益をある程度予想することが可能になる。バフェットは、企業の年齢や安定した収益を、永続的な競争優位性を持っているかどうかを判断する格好の目安としているのだ。

# 第3章　安定した収益

永続的な競争優位性を持つ企業は、長期にわたり安定した収益を示す。これは、その企業が確固たる経済力に支えられていることを意味している。長期的に見て収益の安定しない企業は一般的に、長期投資をしてもメリットは薄い。バフェットはその事実に気づいたのだ。それでは、バフェットの株式ポートフォリオを構成する企業（永続的な競争優位性を持つ企業）の、この一〇年間の利益実績を見てみることにしよう。

## 利益実績

バフェットは、永続的な競争優位性を持つ企業を見極める主な目安をいくつか発見した。その最たるものが、企業の過去一〇年間の利益実績である。それが安定しており、かつ力強い上昇傾向を示していれば、永続的な競争優位性を持っていると言える。

収益の安定しない企業には二つのタイプがある。第一のタイプは、バフェットの言う

「価格競争型」製品を製造している企業である。価格競争型製品とは、ブランド力がなく、市場では価格で張り合うしかない製品のことである。その好例が木材だが、航空会社の運賃などにも当てはまる。航空会社は、もっとも安価な運賃を提供しようとして価格を競い合う傾向が強い。収益の安定しない企業の第二のタイプは、絶えず改良や再設計を施さなければ、競争力を維持できない企業である。これには、あらゆるIT企業が当てはまる。IT業界はにわか景気と不景気を周期的に繰り返している。

永続的な競争優位性を持つ企業は、過去一〇年間の利益実績が、プロクター&ギャンブル、コカ・コーラ、ジョンソン・エンド・ジョンソンといった企業と同じような傾向を示している。いずれもバフェットがすでに投資を行っている、永続的な競争優位性を持つ企業である。

## プロクター&ギャンブル

二〇〇一年から二〇一一年にかけて、プロクター&ギャンブルの一株あたり利益（EPS）は、一・五六ドルから三・九八ドルへ、一五五パーセント上昇した。この期間のEPSの合計は三〇・七八ドルに上る。同社のEPSの実績は、左表のようにきわめて安定しているとともに、力強い上昇傾向を示しており、まさにバフェットが求めているとおりの実績となっている。永続的な競争優位性を持っていることを示す証拠の一つである。

## コカ・コーラ

次にコカ・コーラを見てみよう。二〇〇一年から二〇一一年までの間にコカ・コーラのEPSは、一・六〇ドルから三・八五ドルへ、一四〇パーセント上昇した。この期間のEPSの合計は二七・六六ドルに及び、きわめて順調な上昇傾向を示している。

## ジョンソン・エンド・ジョンソン

ジョンソン・エンド・ジョンソンのEPSも、二〇〇一年から二〇一一年までの間に、一・九一ドルから四・九五ドルへ、一五九パ

**コカ・コーラのEPS**

| 年 | EPS（ドル） |
|---|---|
| 2011 | 3.85 |
| 2010 | 3.49 |
| 2009 | 2.93 |
| 2008 | 3.02 |
| 2007 | 2.57 |
| 2006 | 2.37 |
| 2005 | 2.17 |
| 2004 | 2.06 |
| 2003 | 1.95 |
| 2002 | 1.65 |
| 2001 | 1.60 |

**プロクター＆ギャンブルのEPS**

| 年 | EPS（ドル） |
|---|---|
| 2011 | 3.98 |
| 2010 | 3.53 |
| 2009 | 3.58 |
| 2008 | 3.64 |
| 2007 | 3.04 |
| 2006 | 2.76 |
| 2005 | 2.53 |
| 2004 | 2.32 |
| 2003 | 2.04 |
| 2002 | 1.80 |
| 2001 | 1.56 |

ーセント上昇した。この期間のＥＰＳの合計は四〇・二六ドルとなっている。損失を出した年はなく、こちらもきわめて堅調な上昇傾向を示している。

上記三社の収益については、上昇傾向を示している点だけでなく、きわめて安定している点にも注目してもらいたい。いずれも損失を出した年はなく、きわめて着実な伸びを見せている。

次に、間違いなく価格競争型の企業だと思われる大手企業をいくつかピックアップし、その利益実績を見てみよう。ここで取り上げるのは、航空会社のユナイテッド・コンティネンタル、自動車・トラックメーカーのフォード・モーター、コンピュータチップメーカーのアドバンスト・マイクロ・デバイセズで

**ジョンソン・エンド・ジョンソンのEPS**

| 年 | EPS（ドル） |
|---|---|
| 2011 | 4.95 |
| 2010 | 4.76 |
| 2009 | 4.63 |
| 2008 | 4.57 |
| 2007 | 4.15 |
| 2006 | 3.76 |
| 2005 | 3.50 |
| 2004 | 3.10 |
| 2003 | 2.70 |
| 2002 | 2.23 |
| 2001 | 1.91 |

ある。この三社はいずれも、同業企業との競争が激しい市場で製品やサービスを販売している。熾烈な競争市場を反映し、そのＥＰＳ実績は惨憺たるものである。つまりこれらの企業は、長期にわたり株主の資産を増大させてくれるような競争優位性を何ら持っていないということだ。

では早速、これら三社のＥＰＳ実績を見てみることにしよう。

## ユナイテッド・コンティネンタル・ホールディングス

年間総売上が三六〇億ドルにも及ぶ世界的な航空会社であるユナイテッド・コンティネンタルだが、二〇〇一年から二〇一一年までの利益実績を見ると、きわめて不安定である。しかもこの一〇年の間に、一株あたり一〇七・六五ドルもの損失を出している。最大のライバル企業にはこうあってほしいと思えるような利益実績である。

**ユナイテッド・コンティネンタルのEPS**

| 年 | EPS（ドル） |
|---|---|
| 2011 | 4.75 |
| 2010 | 4.30 |
| 2009 | -7.49 |
| 2008 | -13.63 |
| 2007 | 2.32 |
| 2006 | -0.16 |
| 2005 | -4.88 |
| 2004 | -9.87 |
| 2003 | -15.20 |
| 2002 | -34.56 |
| 2001 | -33.23 |

## フォード・モーター

フォードもまた、二〇〇一年から二〇一一年にかけて、きわめて不安定な利益実績を示しており、一株あたり合計一〇・〇九ドルの損失を出している。ユナイテッド・コンチネンタルほど悪くはないが、子供を大学へ行かせられるような利益実績ではない。

**フォード・モーターのEPS**

| 年 | EPS（ドル） |
|---|---|
| 2011 | 2.00 |
| 2010 | 1.66 |
| 2009 | 0.86 |
| 2008 | -6.50 |
| 2007 | -1.43 |
| 2006 | -6.72 |
| 2005 | 0.86 |
| 2004 | 1.59 |
| 2003 | 0.35 |
| 2002 | 0.19 |
| 2001 | -2.95 |

## アドバンスト・マイクロ・デバイセズ

コンピュータ処理チップの設計・販売分野でインテルと競合関係にあるアドバンスト・マイクロ・デバイセズも、二〇〇一年から二〇一一年にかけて、きわめて不安定な利益実績を示している。この期間に利益を上げた年は五年しかなく、一株あたり一一・九二ドルの損失を出している。

今、株価を考慮しないとすると、これらの利益実績を見て、どの企業に投資すれば一〇年後により多くの利益を上げられるだろうか？　ジョンソン・エンド・ジョンソンとユナイテッド・コンティネンタル、コカ・コーラとフォード・モーター、プロクター＆ギャンブルとアドバンスト・マイクロ・デバイセズを比較してみてほしい。

ジョンソン・エンド・ジョンソン、プロクター＆ギャンブル、コカ・コーラといった企業が、その競争優位性のおかげで長期にわたる経済的恩恵を受けていることは、一目瞭然だろう。要は、こうした優良企業を見つけて投資価値を算出し、その現在の株価が割高か割安かを判断できればいいのだ。バフェットがこれらの企業の投資価値を算出する際に使用する考え方の一つに、「疑似債券」というものがある。

**アドバンスト・マイクロ・デバイセズのEPS**

| 年 | EPS（ドル） |
|---|---|
| 2011 | 0.55 |
| 2010 | 0.64 |
| 2009 | 0.45 |
| 2008 | -4.03 |
| 2007 | -5.09 |
| 2006 | -0.28 |
| 2005 | 0.37 |
| 2004 | 0.25 |
| 2003 | -0.79 |
| 2002 | -3.81 |
| 2001 | -0.18 |

# 第4章　バフェットの疑似債券

バフェットはかつて、ある重大な事実に気づいた。永続的な競争優位性を持つ企業の収益は予想が可能なため、その株式を保有することは、一種の変動利付債券を保有しているようなものだという事実である。バフェットはこれを「エクイティ・ボンド」と呼んでいるが、本書では「疑似債券」と呼ぶことにしよう。

債券とは、企業が販売する債務証券である。企業の債券を購入すれば、固定金利を受け取ることができる。額面が一〇〇ドル、固定金利が年一〇パーセントの債券を購入した場合、償還期限までの間、一年ごとに一〇ドルの利子を受け取ることになる。やがて償還期限に達すると、利払いが止まり、企業から一〇〇ドルが返済される。一方、株式は、企業の持分を表しており、その年の企業の収益に応じて利益が変動する。つまり、債券は固定金利であり、利益が確定しているが、企業の収益は常に変動するため、それに伴い株価もきわめて変動しやすい。しかしバフェットは気がついた。永続的な競争優位性を持つ企業は、その収益を予想することが可能である。そのため、株式でも確実に利益を上げることができる。そのような企業の株式は、いわば「疑似債券」なのである。さらに永続的な競争優位性を持つ企業の疑似債券が魅力的なのは、株式市場がしばしばその価値を見誤り、長期的な投資価値よりも低い価格をつける場合があることだ。

株式を「疑似債券」と考えた場合、その年の企業の一株あたり純資産（BPS）が債券の「額面」に、一株あたり利益（EPS）が債券の「利子」に相当する。企業のある年のBPSが一〇〇ドルで、EPSが八ドルだった場合、その年のこの疑似債券の税引後収益率は八パーセントとなる。

この企業の利益が、これまで年平均一〇パーセントの成長率を示していると仮定しよう。この一〇〇ドルの疑似債券は、初年度こそ八ドルの利子、八パーセントの収益率（八ドル÷一〇〇ドル＝八パーセント）しかもたらさない。しかし、この企業の利益は今後も年平均一〇パーセントの割合で成長していくと予想されるため、それに伴い、この収益率も上昇していく。つまり年を経るに従い、疑似債券から得られる利益は増えていく計算になる。こうして疑似債券の利益はどんどん拡大していく。企業の利益が増えるにつれ、初期投資額に対する収益率も上昇していくからだ。

このように、疑似債券（株式）をBPSと同額（この場合は一〇〇ドル）で購入でき、一株あたり八ドルの純利益があれば、税引後収益率は八パーセントとなる。ところが、優良企業ともなると、BPSと同額で株式を購入できることなどほとんどない。通常は割増料金を支払わなければならない。それが、その企業の株式の現行市場価格というわけだ。株価がBPSより高くなると、それだけ投資額がかさむため、その分収益率は低くなる。先の例で取り上げた企業の株式が、額面価格は一〇〇ドルだが、株式市場で一株一五〇ドルで取引されていたとしよう。投資家は一株購入するのに一五〇ドル支払わなければならず、収益率は八パーセントから五・三パーセントに落ちてしまう（八ドル÷一五〇ドル＝五・三パーセント）。つまり株価が一五〇ドルの場合、この疑似債券は五・三パーセントの利益しか生まないということだ。だが、これで終わりではない。

この例で取り上げた企業は、これまで年平均一〇パーセントのEPS成長率を示している、永続的な競争優位性を持つ優良企業である。確かに、額面一〇〇ドルの疑似債券を一五〇ドルで購入し、初年度に一株あたり八ドルの利益があったとすると、その収益率は五・三パーセントに過ぎない。しかしこの収益率は今後、年率一〇パーセントの割合で上昇していくと予想される。そう考えると、なかなか興味深い投資先ではないだろうか？

今から一〇年間、利益が年率一〇パーセントの割合で成長していくとすると、二〇一一年に八ドルだったEPSは、二〇二一年には二〇・七五ドルにまで増える。つまり、一株あたりの投資額一五〇ドルに対する税引後収益率は、一三・八パーセントとなる（二〇・七五ドル÷一五〇ドル＝一三・八パーセント）。

これは一つの例に過ぎないが、このようなことが実際に起こるのだろうか？

一九八八年、バフェットはこの疑似債券の考え方を利用し、バークシャー・ハサウェイを通じてコカ・コーラ株を一億一三三〇万株購入した。コカ・コーラが長期にわたり、着実に利益を伸ばしていたからだ。一株あたりの取得コストは五・二二ドル、その当時のBPSは一・〇七ドル、EPSは〇・三六ドルだった。バフェットはいわば、初年度の収益率が六・八パーセント（〇・三六ドル÷五・二二ドル＝六・八パーセント）のコカ・コーラの疑似債券を購入した。この疑似債券の収益率は、コカ・コーラの収益が伸びるに従い上昇していくはずだ。それに伴い、この企業の本質価値も株価も上がるに違いないと考えたのである。では、実際二〇一一年にどうなっていたのだろう？　バークシャーはまだ、コカ・コーラ株一億一三三〇万株を所有している。ただしコカ・コーラのEPSは三・八五ドルにまで増え、株式は六五ドルで取引されている。つまりバフェットは、一株あたりの投資額五・二二ドルに対し、一一四五パーセントの利益を上げたことになる。この二三年間の年平均収益率は、複利ベースで一一・五九パーセントである。

永続的な競争優位性を持つ企業は、長期にわたりEPSを成長させていくことができる。それは結果的に、企業の本質価値を増大させ、やがては株式市場もそれを認識するようになる。バフェットは、企業を下支えしている経済力が向上しつつあるのであれば、短期的に株価が下落しようが気にしないと公言している。いずれは株式市場がその企業の本質価値を認め、株価を押し上げることを知っているからだ。

# 第5章　将来の収益率を予想する

では、実践的な例として、今コカ・コーラに投資した場合の収益率を予想してみることにしよう。ちなみに、コカ・コーラの二〇一一年の株価は六五ドルだ。また、コカ・コーラの過去一〇年間の利益実績は下の表のとおりである。

今後の収益を予想するための第一のステップは、過去の利益実績を確認することだ。過去の利益実績は、着実な伸びを見せているか？　損失を出した年があるか？　あるなら、その理由は何か？　コカ・コーラの利益実績を確認すると、過去一六年にわたり安定した

**コカ・コーラのEPS**

| 年 | EPS（ドル） |
|---|---|
| 2011 | 3.85 |
| 2010 | 3.49 |
| 2009 | 2.93 |
| 2008 | 3.02 |
| 2007 | 2.57 |
| 2006 | 2.37 |
| 2005 | 2.17 |
| 2004 | 2.06 |
| 2003 | 1.95 |
| 2002 | 1.65 |
| 2001 | 1.60 |

上昇傾向を示していることが一目でわかる。

次のステップは、その傾向を数値化することだ。数値化するためには、一定の期間を抽出しなければならない。バフェットの場合、企業の的確なイメージをつかむため、過去一〇年分に相当する実績を利用することが多い。しかし、それ以前の実績がわかるのであれば、それも利用したほうがいい。

ここでは、二〇〇一年から二〇一一年までの一一年間のコカ・コーラの利益実績を利用することにする。以下の計算では、二〇〇一年を基準年、二〇〇二年を一年目とする。それではまず、コカ・コーラの二〇〇一年から二〇〇二年までの利益成長率を計算してみよう。計算の際には、金融電卓の利回り計算機能を使うか、http://www.moneychimp.com/calculator/discount_rate_calculator.htmを利用するといい。これは、インターネット上にある収益率計算ソフトである（インターネット上には、このほかにも無料で金融計算ができるサイトが無数にある）。

ここでは上記インターネットサイトの計算ソフトを使って説明しよう。現在価値（Present Value）の欄に、コカ・コーラの二〇〇一年のEPS一・六〇ドルを、将来価値（Future Value）の欄に、二〇〇二年のEPS一・六五ドルを入力する。そして年数（Years）の欄に一（二〇〇一年末から二〇〇二年末までの一年間であるため）を入力し、計算（Calculate）ボタンを押す。すると、三・一二という数が得られる。これが、二〇〇一年から二〇〇二年までの一年間における、コカ・コーラのEPSの成長率である。

一年間の利益成長率はこうして求められる。しかしコカ・コーラの長期的な経済力を把握したければ、もっと長い期間の利益成長率を算出する必要がある。

そのためには、現在価値（Present Value）の欄に、コカ・コーラの二〇〇一年のEPS一・六〇ドルを、将来価値（Future Value）の欄に、二〇一一年のEPS三・八五ドルを入力する。そして年数（Years）の欄に一〇を入力し、計算（Calculate）ボタンを押す。すると、一〇年間の年平均成長率は九・一八パーセントとなる。

今、コカ・コーラの株式を現在の株価六五ドルで購入すれば、税引後収益率は五・九パーセントとなる（三・八五ドル÷六五ドル＝五・九パーセント）。しかし、過去一〇年間コカ・コーラの利益は、

**コカ・コーラのEPSの年平均成長率（2001～2002年）**

| | | | |
|---|---|---|---|
| 2002年 | 1.65ドル | ← | 将来価値（1年目） |
| 2001年 | 1.60ドル | ← | 現在価値（基準年） |
| 年数 | 1 | | |
| 年平均成長率 | 3.12パーセント | | |

年平均九・一八パーセントの割合で成長しており、今後もそのペースで成長していくと予想される。それに伴い、この収益率も増えていくはずである。つまりこの株式は、徐々に利益を拡大していく疑似債券と考えられる。時が経つにつれ、債券の利率が増えていくのである。

それでは実際に、この情報を利用し、一〇年後(二〇二一年)のコカ・コーラのEPSを予想してみよう。これも、http://www.investopedia.com/calculator/FVCal.aspxにある将来価値計算ソフトを利用すれば、簡単に計算できる。

現在価値(Present Value)の欄には三・八五ドルを入力する。さらに、期間ごとの利率(Interest Rate Per Time Period)の欄に九・一八パーセントを、期間数(Number of Time Periods)の欄には一〇を入力する。そして計算(Calculate)ボタンを押すと、将来価値(Future Value)が九・二

**コカ・コーラのEPSの年平均成長率(2001～2011年)**

| | | | |
|---|---|---|---|
| 2011年 | 3.85ドル | ← | 将来価値(10年目) |
| 2001年 | 1.60ドル | ← | 現在価値(基準年) |
| 年数 | 10 | | |

(10年間の成長率を求めるためには、11年分の利益実績が必要になる。現在価値の年は基準年として年数にカウントされない。この例では、2002年が1年目、2011年が10年目となる)

年平均成長率　9.18パーセント

七ドルと表示される。つまり、これまで同様コカ・コーラのEPSが、年平均九・一八パーセントの割合で成長し続ければ、二〇二一年にはEPSが九・二七ドルになるということだ。

こうして、二〇二一年のコカ・コーラのEPSがわかれば、それに予想される株価収益率（PER）をかけ、二〇二一年のコカ・コーラの予想株価を算出できる。ただし、PERを予想するのは容易なことではない。上げ相場の時のPERを採用すれば、予想株価はとんでもない高値になってしまう。このような場合は、過去一〇年間におけるコカ・コーラの年平均PERを調べ、最低のPERを採用するといい。そうするとかなり控えめな予想になるが、高く見積もり過ぎてあとでひどい幻滅を感じるより、低く見積もり過ぎて思いがけない幸運に恵まれたほうがいいだろう。過去の実績の中から高いPERを採用すれば、将来の実績が予想を下回ることにもなりかねない。そのため本書では、将来の予想株価を計算する際には、二〇〇一年から二〇一一年の間でもっとも低いPERを採用することにする。

この期間のコカ・コーラのPER実績を見ると、二〇〇一年に最高の三〇倍、二〇〇九年に最低の一六倍を記録している。二〇一一年のPERは、株価六五ドルに対し、一六・八八倍である。しかし高く見積もり過ぎないためにも、二〇二一年の予想株価を計算する際には、二〇〇九年の一六倍を採用することにしよう。

コカ・コーラの二〇一一年の予想EPSは九・二七ドルなので、それを一六倍すると、二〇二一年のコカ・コーラの予想株価は一四八・三二ドルとなる。

二〇一一年の予想株価が一四八・三二ドルだった場合、二〇一一年に六五ドルでコカ・コーラの株式を購入すると、年平均収益率はどのくらいになるのだろうか？　再びhttp://www.moneychimp.com/calculator/discount_rate_calculator.htmにある収益率計算ソフトで計算してみよう。

現在価値（Present Value）の欄に、二〇一一年に株式を購入した時の株価六五ドルを入力する。将来価値（Future Value）の欄には、二〇二一年に予想される株価一四八・三二ドルを入力する。それから年数（Years）の欄には一〇を入れて、計算（Calculate）ボタンを押す。その結果、今後一〇年間に予想される年平均収益率は八・六パーセントとなる。

**コカ・コーラ株の予想収益率（2011〜2021年）**

| | | |
|---|---|---|
| 現在価値 | ＝ | 65ドル |
| 将来価値 | ＝ | 148.32ドル |
| 年数 | ＝ | 10 |
| 年平均収益率 | ＝ | 8.6パーセント |

この年平均収益率八・六パーセントを魅力的と考えるかどうかは、投資家次第である。

## 配当

コカ・コーラの場合、将来価値の計算に配当も加えておくべきだろう。コカ・コーラは過去一〇年間、毎年配当を増やしており、二〇一一年の配当は一株あたり一・八八ドルである。二〇二一年までこの配当を維持できるとすると、一〇年間の配当の合計は一八・八〇ドルとなる。その結果、二〇二一年における株式の価値は、予想される株価一四八・三二ドルにそれを加えたものとなり、一六七・一二ドルとなる。これを将来価値として先ほどの計算をし直すと、年平均収益率は九・九パーセントに増える。

## 注意すべきこと

ここでいくつか注意を促しておきたい。上記のような方法で将来の収益を予想できるのは、永続的な競争優位性を持ち、安定した利益実績を示している企業だけである。また、予想株価を計算する際には、過去の実績の中からもっとも低いPERを選んでもらいたい（利益実績の安定しないフォード・モーターやユナイテッド・コンティネンタルのような企業に対し、このような方法で収益予想を行うと、ポートフォリオの健全性を著しく損なうおそれがある)。

## 第6章 一株あたり純資産の実績を参考に消費者独占型企業を見つける

一株あたり純資産（BPS）は、グレアム流のバリュー投資に長らく利用されてきた。BPSを計算するには、企業の賃借対照表を見て純資産を確認し、それを発行済株式数で割ればいい。純資産は、企業の総資産から負債を引いた値である。総資産が一億ドルで、負債が九〇〇〇万ドルなら、純資産は一〇〇〇万ドルとなり、その企業の発行済株式数が一〇〇万株であれば、BPSは一〇ドルとなる(一〇〇〇万ドル÷一〇〇万株＝一〇ドル)。

バフェットはしばしば、「有形純資産」と「純資産」の違いを口にする。一般的に、「一株あたり純資産」の計算に使用される純資産には、のれん代のような無形資産が含まれている。一方「一株あたり有形純資産」は、純資産から無形資産を除いた値を用いて計算するため、一株あたり純資産よりも値が小さくなる。これがなぜ重要なのだろうか？　バフェットは以前、この一株あたり有形純資産以下で株式が取引されている企業を購入していたからだ。しかし、本書で一株あたり純資産の長期実績を利用するのは、永続的な競争優位性を持つ企業かどうかを素早く見極めるためである。だから、有形純資産か純資産かにこだわる必要はない。一株あたり純資産の過去の実績を知りたければ、「バリューライン」などの投資情報サービスを利用するといい（バフェットは五〇年以上にわたり、このバリューラインを金融情報源として利用している）。

バフェットは、バークシャー・ハサウェイの長期的な経営実績を測る目安として、同社のBPSの推移を参考にしてきた。しかし、だからと言って、BPSが企業の本質価値そのものを表しているわけではない。BPSが四〇ドルだったとしても、その企業の本質価値が一株あたり四〇ドルであるとは限らない。企業の本質価値は、企業が将来生み出すあらゆる利益を一定の率で割り引いた現在価値と定義できるが、これを正確に算出するのは不可能に近い。だが少なくとも、企業の一株あたりの本質価値が、BPSよりはるかに大きくなる場合もあれば、かなり小さくなる場合もあることは確かだ。企業の本質価値とBPSが完璧に符合することは滅多にない。

永続的な競争優位性を持つ企業はたいてい、BPSをはるかに上回る本質価値を備えている。ムーディーズのように、BPSはマイナスながら永続的な競争優位性を有している企業もないわけではない（こうした例はきわめてまれだが）。BPSがマイナスだったとしても、長期にわたりEPSが上昇傾向にあれば、その企業は何らかの永続的な競争優位性を持っていると考えていいだろう。

だが、BPSが企業の本質価値と全く関係がないわけではない。とりあえず本書では、

BPSの推移を参考にして企業の本質価値の成長を測ることにしよう。バフェットも次のように述べているからだ。

私たちがバークシャーのBPSの数値を提示するのは、それがバークシャーの本質価値を追跡する一つの目安となるからだ。目安とは言っても、きわめて控えめな、大雑把な目安である。言い換えれば、ある年にBPSが変化すると、それに近いような形で本質価値も変化している可能性が高いということだ。

このようにBPSの長期的推移は、企業の本質価値の長期的推移を測る大まかな目安となり得る。これはつまり、永続的な競争優位性を持つ企業かどうかを判断する際にも、BPSが利用できるということだ。そのような企業を探す際にはまず、BPSが増加傾向にあるかどうかを確認してほしい。

それではここで、コカ・コーラとフォード・モーターのBPS実績を比較してみよう。

一九九五年から二〇一一年にかけて、コカ・コーラのBPSは五七九パーセント上昇した。この一六年間の年平均成長率は、複利ベースで一二・七二パーセントである。過去一〇年だけを取ってみても、BPSは二一九パーセント増えており、年平均成長率は複利ベースで一二・三二パーセントとなる。

一方フォード・モーターのＢＰＳは、一九九五年から二〇一一年の間に八六・四八パーセント下落した。複利ベースで年平均一一・七六パーセントの下落率である。過去一〇年だけを取ってみても、ＢＰＳは三二パーセント下落しており、複利ベースの年平均下落率は三・八二パーセントとなる。

**フォード・モーターのBPS**

| 年 | BPS（ドル） |
|---|---|
| 2011 | 2.90 |
| 2010 | 0.40 |
| 2009 | -2.43 |
| 2008 | -7.22 |
| 2007 | 2.55 |
| 2006 | -1.83 |
| 2005 | 7.02 |
| 2004 | 8.76 |
| 2003 | 6.36 |
| 2002 | 3.07 |
| 2001 | 4.28 |
| 2000 | 9.75 |
| 1999 | 22.53 |
| 1998 | 20.36 |
| 1997 | 24.83 |
| 1996 | 21.91 |
| 1995 | 21.45 |

**コカ・コーラのBPS**

| 年 | BPS（ドル） |
|---|---|
| 2011 | 14.60 |
| 2010 | 13.53 |
| 2009 | 10.77 |
| 2008 | 8.85 |
| 2007 | 9.38 |
| 2006 | 7.30 |
| 2005 | 6.90 |
| 2004 | 6.61 |
| 2003 | 5.77 |
| 2002 | 4.78 |
| 2001 | 4.57 |
| 2000 | 3.75 |
| 1999 | 3.85 |
| 1998 | 3.41 |
| 1997 | 2.96 |
| 1996 | 2.48 |
| 1995 | 2.15 |

長期投資の観点から見た場合、コカ・コーラは本質価値を増大させつつある企業であり、フォード・モーターは本質価値を減少させつつある企業であることは、一目瞭然だろう。ただし、これは完璧な目安とは言えない。企業のＢＰＳが、その企業の持つ経済力とは何の関係もない理由で減少することは多々あるからだ。たとえば、企業が子会社を分離独立させた場合、親会社のＢＰＳは減少する。

逆に、企業のＢＰＳが、その企業の本質価値とは全く関係なく上昇することも多い。とてつもない高値でほかの企業を買収したような場合、買収会社の帳簿上の価値は高くなる。しかし、こうした問題は本書とあまり関係がない。本書ではＢＰＳの長期的推移を、永続的な競争優位性があるかどうかの大まかな指標として利用しているだけであり、重要なのはこの永続的競争優位性を持つ企業を見つけることだからだ。ＢＰＳを参考に、永続的な競争優位性を持つ企業を見つけたと思った時には、その企業の経営実績をさらに深く調べ上げ、本当に永続的競争優位性があるかどうかを判断すればいい。

次からは、バフェットの株式ポートフォリオを構成する企業について具体的に見ていくことにしよう。

# II

# ケーススタディおよび投資価値の評価

第7章 アメリカン・エキスプレス・カンパニー

| | |
|---|---|
| **本社所在地** | 200 Vesey Street<br>New York, NY 10285 USA |
| **電話** | (212)640-2000 |
| **ウェブサイト** | http://www.americanexpress.com |
| **業種** | 国際支払いサービス、クレジットカード/チャージカードサービス、旅行サービス |

**基本データ**

| | |
|---|---|
| **種類** | 株式公開企業 |
| **設立** | 1850年 |
| **従業員数** | 62,500人 |
| **売上高** | 302億ドル(2011年予想) |
| **純利益** | 48.5億ドル(2011年予想) |
| **EPS** | 4.05ドル(2011年予想) |
| **過去10年のEPS年平均成長率** | 12.2% |
| **BPS** | 16.60ドル(2011年度末予想) |
| **株価** | 45ドル(2011年) |
| **配当/利回り** | 0.72ドル/1.37%(2011年予想) |
| **バークシャーの購入年** | 1994年、1995年、1998年、2000年 |
| **バークシャーの1株平均取得コスト** | 8.44ドル |
| **証券取引所** | NYSE |
| **ティッカー** | AXP |

2011年現在、バークシャーはアメリカン・エキスプレスの株式を1億5161万0700株所有している(発行済株式数の12.6パーセント)。購入期間は1994～2000年。同社の株価は現在45ドルであり、バークシャーの持ち株の価値はおよそ68億2000万ドルとなる。これらの株式の総取得コストが12億8000万ドルなので、バークシャーはこの投資で55億4000万ドルの利益を上げていることになる。

アメリカン・エキスプレスは、ニューヨーク市に本社を置く世界的な金融サービス企業である。ダウ工業株平均を構成する三〇社のうちの一社であり、ビジネスウィーク誌とインターブランド社が発表する世界でもっとも価値の高いブランド・ランキングの二二位に位置している。アメックス・カードは、アメリカのクレジットカード取引の二四パーセントを占めており、クレジットカード発行会社の中で最大のシェアを誇る。

同社は一八五〇年、後にウェルズ・ファーゴ銀行を創設することになるヘンリー・ウェルズとウィリアム・ファーゴにより創設された。もともとは運送業を営んでいたが、アメリカ西部への領土拡張やカリフォルニアのゴールドラッシュなどにより西部の開拓が進むと、一八八二年には郵便為替業務を始めた。東海岸と西海岸の間で手早く金銭を送受する必要性が高まったことに目をつけたのだ。

一八八八年、ヨーロッパに赴いたC・J・ファーゴ（ウィリアムの弟）は、従来の信用状を利用して外国で現金を受け取る手続きがきわめて煩雑なことに不満を感じた。そこでファーゴは、アメリカに戻るとトラベラーズチェックのアイデアを提案し、世界中にオフィスを設立するとともに各国の銀行と提携し、同事業を展開していった。このトラベラーズチェック事業により同社は、「宙に浮いた金」を投資に回すことができるようになった。顧客がトラベラーズチェックを購入しても、実際にそれを使うのは二、三カ月後になることが多い。そのため、顧客が実際にトラベラーズチェックを使うまでの間、同社はその金を自由に使うことができるのだ。アメリカン・エキスプレスは、ゴールドマン・サックスが販売する短期社債に速やかにこの現金を投じた。トラベラーズチェック事業が儲かるのは、このように「宙に浮いた金」を自由に使えるからだ。

一九五七年、ライバル企業のダイナースクラブに続き、アメリカのクレジットカード市場に参入すると、一九六〇年代初頭にはその事業規模を全世界に広げていった。クレジットカード会社は、顧客がカードで買い物をするたびに、加盟店から手数料を受け取る。この手数料は、顧客や加盟店がカードの利便性を手に入れるための代金と考えられる。顧客は、毎年一定の会費を払えば、毎月利用明細を受け取るだけで、現金を持ち歩かなくてもいい。さらには気前のよいポイントプログラムまであるため、顧客はいよいよカードを利用し続ける。一方の加盟店も、売上の二・五パーセントを手数料として支払えば、多額のクレジットを使える顧客が店舗にやって来てくれる。そのうえこの「小切手」は不渡りになることがない。実際、アメリカン・エキスプレスのカードが導入されるまで、現金を持たないで大きな買い物をするには、小切手を利用するしか方法がなかった。

ではアメリカン・エキスプレスは、競合他社に比べ、どのような強みを持っているのだろうか？　実は、アメリカン・エキスプレスのほうが、マスターカードやＶＩＳＡよりも一取引あたりの利益が大きいのである。マスターカードやＶＩＳＡの場合、顧客にカードを発行するカード発行銀行があり、加盟店に代わり取引を処理する加盟店銀行がある。マスターカードやＶＩＳＡは、カード発行銀行と加盟店銀行を結びつけ、カードシステム全体を統括する働きをしている。マスターカードやＶＩＳＡの加盟店は、平均して全売上の一・九パーセントを手数料として支払っている。しかし、その〇・一パーセントは加盟店銀行に、一・七パーセントはカード発行銀行に行ってしまい、マスターカードやＶＩＳＡには〇・〇九パーセントしか残らない（カード発行銀行の利益の大半は、ポイントプログラムやキャッシュバックに利用される）。そのほかにクレジットカード会社の利益となるのは、期限までにカード払いの代金を支払わなかった顧客に課す金利ぐらいしかない。

一方アメリカン・エキスプレスは、上記の三つの機能（カード発行銀行、加盟店銀行、カードシステムの統括）をすべて自社でまかなっている。そのため、手数料はすべて自社のものとなる。そのうえその手数料も、加盟店の売上の二・五パーセントと高率である。競合他社に比べると、かなり有利な立場にあると言える。またアメリカン・エキスプレスは、主に個人富裕層や法人にカードを発行しているため、中流階級にカードを発行しているクレジットカード会社に比べ、債務不履行率がきわめて低い。

## インフレで増える利益

アメリカン・エキスプレスは、インフレでも利益を上げられる「バフェット好み」の企業である。インフレにより物価が上がると、顧客が加盟店に支払う金額も増える。加盟店は売上の二・五パーセントを同社に支払わなければならないため、インフレで物価が上がるにつれ、アメリカン・エキスプレスの利益は増えることになる。たとえば、一九七五年の加盟店の売上一億ドルは、インフレのため、二〇一一年の加盟店の売上四億ドルに相当する（インフレが起きる理由の一つは、政府が紙幣を発行したがるからだ）。つまりアメリカン・エキスプレスは、一九七五年には、加盟店の売上一億ドルに対し、二五〇万ドルの手数料を受け取る（一億ドル×二・五パーセント＝二五〇万ドル）。しかし二〇一一年には、加盟店の売上四億ドルに対し、一〇〇〇万ドルの手数料を受け取ることができる（四億ドル×二・五パーセント＝一〇〇〇万ドル）。この場合、取引される商品の量は、二〇一一年も一九七五年も変わらない。しかしインフレにより物価が上昇したため、それにつれて同社の利益も増えたのである。

アメリカン・エキスプレスの経営実績は、この説明が正しいことを如実に証明している。同社の一九九四年の売上高一四〇億ドルに対し、二〇一一年の予想売上高は三〇二億ドルであり、年平均四・六パーセントの成長率を示している。だが、この成長率のうちの二・四パーセントはインフレによるものだ。つまり同社の売上増加分の半分は、インフレの影響によるものと言える。アメリカン・エキスプレスは、インフレになれば、インフラに追加投資しなくても利益を増やせる企業なのである。

## バフェットはどこに興味を抱いたのか?

バフェットが最初にアメリカン・エキスプレスに興味を抱いたのは、一九六三年のサラダ油事件の時である。その事件の顛末はこうだ。アメリカン・エキスプレスが、巨大な倉庫に保管されていた大量のサラダ油を担保に融資を行った。しかし後に、同社がそのサラダ油に対し担保権を行使しようとしたところ、サラダ油が存在しないことが発覚したのだ。これにより同社はおよそ八〇〇〇万ドルもの損失を被り、純資産の大半を失うはめになった。その結果、株価も八〇ドルから三〇ドルに下落してしまった。だが、その時バフェットは思った。アメリカン・エキスプレスが純資産を残らず失ったとしても、トラベラーズチェック事業やクレジットカード事業に影響はなく、今後も利益を上げ続けるに違いない。そこでバフェットは、当時運営していたパートナーシップの資金の四〇パーセントにあたる一三〇〇万ドルを同社に投じた。そして、暴落からわずか三年後には持ち株を売り払い、二〇〇〇万ドル近い利益を上げた。

バフェットにしてみれば、アメリカン・エキスプレスがサラダ油事件で損失を被ったのは、純資産の大半を配当として株主に支払ったようなものだった。永続的な競争優位性を持つ企業にはそれができる。そのような企業はいつでも、日々の業務運営に必要な経費よりも多くの利益を生み出すことができるからだ。そのために純資産を大量に残しておく必要はない。

ここで学ぶべき教訓は、次のとおりである。アメリカン・エキスプレスのような永続的競争優位性を持つ企業が一時的に損失を被った場合、それが株価を大幅に下落させるほどの多大な損失であったとしても問題はない。その競争優位性によりたちまち収益を回復し、それにつれて株価も再び上昇していくからだ。

## 一九九〇年代初頭に訪れた新たな買い場

一九九〇年代初頭、アメリカン・エキスプレス傘下の証券会社シェアソン・リーマン・ブラザーズが損失を出し始めた。一九九一年、追加融資が必要になったアメリカン・エキスプレスは、バークシャー・ハサウェイと契約を結び、転換優先株三億ドル分をバークシャーに売った（転換優先株とは、普通株に転換可能な優先株を指す）。バフェットがこの契約に合意したのは、問題を起こしているのがアメリカン・エキスプレスの一部門（シェアソン・リーマン・ブラザーズ）だけで、トラベラーズチェック事業やクレジットカード事業の基盤は依然として安定していたからだ。バフェットはしばしば、解決可能な問題を抱えている企業に投資すれば、多額の利益を手に入れることができると述べている。このアメリカン・エキスプレスの場合も、解決策は一目瞭然だった。

そこで一九九三年、シェアソンが一億一六〇〇万ドルの損失を発表すると、バフェットはさらにアメリカン・エキスプレスの株式を買い集めた。トラベラーズチェック事業やクレジットカード事業に問題がない以上、アメリカン・エキスプレスがシェアソンを手放しさえすれば、再び株価が上昇していくと踏んだからだ。実際に一九九三年後半、アメリカン・エキスプレスはシェアソンを一〇億ドルで売り払い、この問題を解決した。

バフェットは、この持ち株を手放さなかったどころか、一九九四年、一九九五年、一九九八年、二〇〇〇年にさらに株式を買い増した。その結果、バフェットが保有するアメリカン・エキスプレスの株式は一億五一六一万〇七〇〇株となった。これは、発行済株式数の一二・六パーセントに相当する。

## EPS実績

アメリカン・エキスプレスのEPSやBPSの実績を見る際には、一つ気をつけなければならない点がある。同社は二〇〇五年、アメリカン・エキスプレス・フィナンシャル・アドバイザーズを分離独立させた。そのため、その年のEPSはおよそ〇・四四ドル減少してしまった。

しかし、アメリカン・エキスプレス・フィナンシャル・アドバイザーズを分離独立させたとはいえ、同社のＥＰＳは、二〇〇一年から二〇一一年の間に二一六パーセントも上昇している。この一〇年の年平均成長率は、二〇〇九年に金融危機に見舞われたにもかかわらず、複利ベースで一二・二パーセントに達している。

二〇一一年の予想ＥＰＳ四・〇五ドルに対し、この年の株価は四五ドルである。つまり、同年に株式を購入したとすると、その年の税引後利益は一株あたり四・〇五ドル、収益率は九パーセントになる（四・〇五ドル÷四五ドル＝九パーセント）。しかし、初年度こそ九パーセントだが、ＥＰＳは今後も年平均一二・二パーセントの割合で増えていくものと予想される。

| 年 | EPS（ドル） |
|---|---|
| 2011 | 4.05 |
| 2010 | 3.35 |
| 2009 | 1.54 |
| 2008 | 2.33 |
| 2007 | 3.29 |
| 2006 | 2.82 |
| 2005 | 2.30 |
| 2004 | 2.74 |
| 2003 | 2.31 |
| 2002 | 2.01 |
| 2001 | 1.28 |

アメリカン・エキスプレスの株式を安く購入できれば、それだけ「購入価格の経済性」は増す。たとえば、一株三〇ドルで購入できた場合、初年度の税引後収益率は一三・五パーセントに増加する（四・〇五ドル÷三〇ドル＝一三・五パーセント）。逆に、株価が上がれば、それだけ「購入価格の経済性」は減少する。一株六〇ドルでしか購入できない場合、初年度の税引後収益率は六・七パーセントに落ちてしまう（四・〇五ドル÷六〇ドル＝六・七パーセント）。だからこそバフェットは、いつも短期的な下げ相場を歓迎するのだ。株価が低くなれば、購入時の経済性は大いに高まる。

## BPS実績

二〇〇五年にアメリカン・エキスプレス・フィナンシャル・アドバイザーズを分離独立させたことで、アメリカン・エキスプレスのBPSの流れは大きく変化した。それまで順調に増えていたBPSが、およそ三・八〇ドル減少してしまったのだ。そのため、BPSの推移をより正確に把握したければ、この期間をさらに二つの期間に分割したほうがいい。二〇〇一〜〇四年と二〇〇五〜一一年である。二〇〇一〜〇四年を見ると、BPSは年平均一〇・八四パーセントの割合で成長している。一方、二〇〇五〜一一年のBPSの成長率は、年平均一一・八パーセントとなっている。

## バフェットの購入分析

アメリカン・エキスプレスの二〇一一年の予想BPSは一六・六〇ドル、予想EPSは四・〇五ドルである。つまり、同社の疑似債券は二〇一一年に二四パーセントの税引後利益を生むことになる（四・〇五ドル÷一六・六〇ドル＝二四パーセント）。

しかし、同社の株式をBPSと同額で購入することはできない。二〇一一年の株価はおよそ四五ドルである。この価格で購入したとすると、同社の疑似債券の二〇一一年の税引後収益率は九パーセントになる（四・〇五ドル÷四五ドル＝九パーセント）。しかしこの収益率は、同社の利益が増すにつれ上昇していく。その利益は、今後も年率一二・二パー

| 年 | BPS（ドル） |
|---|---|
| 2011 | 16.60 |
| 2010 | 13.55 |
| 2009 | 12.09 |
| 2008 | 10.21 |
| 2007 | 9.52 |
| 2006 | 8.77 |
| 2005 | 8.50 |
| 2004 | 12.31 |
| 2003 | 11.93 |
| 2002 | 10.62 |
| 2001 | 9.04 |

セントの割合で増えていくものと予想される。

それでは、二〇一一年に一株あたり四・〇五ドルだった利益が年率およそ一二・二パーセントで成長していくと、一〇年後にはいくらになるのだろうか？ http://www.investopedia.com/calculator/FVCal.aspxにある将来価値計算ソフトを利用すれば、簡単に計算できる。

期間ごとの利率（Interest Rate Per Time Period）を一二・二パーセント、現在価値（Present Value）を四・〇五ドル、期間数（Number of Time Periods）を一〇として、計算（Calculate）ボタンを押す。すると、一二・八一ドルという数字が得られる。二〇二一年の予想EPSが一二・八一ドルだということである。つまり、二〇一一年にアメリカン・エキスプレスの株式を一株四五ドルで購入しておけば、二〇二一年には、一株あたりの投資額四五ドルに対する税引後収益率は二八・四パーセントになる。

ところで、この二〇二一年のEPSや収益率は、投資家にとってどのような意味があるのだろうか？ それは、将来の利益が予想できれば、その時点の株価も予想できるということだ。しかしその計算は、二〇二一年に株式市場が同社の株式を、どの程度の株価収益率（PER）で評価しているかに左右される。アメリカン・エキスプレスの場合、過去一〇年のPERは最低が一二・四倍、最高が三〇・二倍と幅がある。バフェットは控えめに分析を行うのが常なので、ここでも最低の一二・四倍を採用することにしよう。二〇二一年のＰＥＲを一二・四倍と仮定すると、同年の株価は一五八・八四ドルになる。アメリカン・エキスプレスの株式を、二〇一一年に一株四五ドルで購入し、二〇二一年に一株一五八・八四ドルで売却したとすると、売却益は一株あたり一一三・八四ドルとなる。そのうえ、投資収益率は二五二パーセント、この一〇年間の年平均収益率は一三・四パーセントになる。

だが、それだけではない。アメリカン・エキスプレスは過去一〇年間、毎年配当を増額してきた。そこで同社が、二〇一一年の一株あたり予想配当〇・七二ドルを二〇二一年まで維持できたとすると、投資家が受け取る金額は、売却価格一五八・八四ドルおよび一〇年分の配当七・二〇ドルとなり、合計一六六・〇四ドルとなる。つまり、投資収益率は二六八パーセント、この一〇年間の年平均収益率は一三・九五パーセントに増える。

問題は、今後一〇年間のこの予想収益率が魅力的かどうかだ。バフェットは魅力的と考えているからこそ、六八億二〇〇〇万ドル分もの同社の株式を今も保有し続けているのである。

# 第8章 バンク・オブ・ニューヨーク・メロン（BNYメロン）

| | |
|---|---|
| **本社所在地** | One Wall Street<br>New York, NY 10286 USA |
| **電話** | (212) 495-1784 |
| **ウェブサイト** | http://www.bnymellon.com |
| **業種** | 銀行・金融サービス |

**基本データ**

| | |
|---|---|
| **種類** | 株式公開企業 |
| **設立** | 1784年 |
| **従業員数** | 48,700人 |
| **純利益** | 29.8億ドル（2011年予想） |
| **EPS** | 2.40ドル（2011年予想） |
| **過去10年のEPS年平均成長率** | 2.86% |
| **BPS** | 28.00ドル（2011年度末予想） |
| **過去10年のBPS年平均成長率** | 12.45% |
| **株価** | 21ドル（2011年） |
| **配当／利回り** | 0.52ドル／2.4%（2011年予想） |
| **バークシャーの購入年** | 2010年 |
| **バークシャーの1株平均取得コスト** | 26ドル |
| **証券取引所** | NYSE |
| **ティッカー** | BK |

BNYメロンは、バークシャーが新たに選んだ投資先であり、2010／2011年期に株式の購入が行われた。2011年半ばの段階で、バークシャーは同社の株式を199万2759株所有している。同社の発行済株式数の1パーセントに満たない量である。その株価は現在21ドルであり、バークシャーの持ち株の価値はおよそ4180万ドルとなるが、その取得にはおよそ5100万ドルのコストがかかっている。つまりバークシャーは、株式相場の下落により、この投資において920万ドルの損失を被っていることになる。だがこうした市場の下落は、バフェット流に考えれば、より優れた長期投資の機会を提供していると言える。BNYメロンは、長期にわたり優れた経営を続けていけるだけの力を備えているからだ。

バフェットは老舗企業を好む。とりわけ金融企業の場合には、創業が古ければ古いほどいい。BNYメロンは、二〇〇七年に二つの金融企業の合併により誕生した。二つの金融企業とは、建国の父アレクサンダー・ハミルトンが一七八四年に設立したアメリカ最古の銀行バンク・オブ・ニューヨークと、世界有数の資金運用会社メロン・フィナンシャル・コーポレーションである。この二大企業が合併したことにより、BNYメロンは、従業員四万人以上、一兆二〇〇〇億ドル以上の運用資産を有する世界的な金融サービス会社となった。世界の資産運用会社のトップ一〇に名を連ねるほどの規模である。また、世界有数の資産管理会社として、二五兆ドルに及ぶ管理資産・預り資産を有するとともに、企業顧客に代わり一一兆ドル以上の債券を管理している（個々の債券保有者に小切手を発送）。主な業務は、資産管理、資産サービス、資産運用、証券および投資コンサルティングサービスである。世界でも屈指の規模を誇る証券サービス・資産管理会社であり、三七カ国に拠点を持ち、一〇〇以上の地域で活動している。

要するにBNYメロンは、ウェルズ・ファーゴやバンク・オブ・アメリカのような小売銀行ではない。企業や金融機関にさまざまな金融サービスを提供するとともに、ドレイファスのような子会社を通じて投資家の資金運用を行っている。こうした資金運用は、傘下にある何百もの投資信託を介して行われている。

BNYメロンは、不動産担保証券への投資により、二〇〇八年および二〇〇九年に手痛い打撃を受けた。これらの不良債権を償却したことで、二〇〇九年の利益は大幅に減少した。しかし二〇一一年には、記録的な利益が予想されている。同社はまた、財務省と二〇〇〇万ドルの契約を交わし、TARP（不良資産救済プログラム）ファンドの管理機関として、同プログラムの会計や記録管理を任されてもいる。

BNYメロンが持つ永続的な競争優位性とは、その規模、低コスト、専門知識である。ライバル企業の中に、同社ほど規模が大きく、コストをかけず、優れたサービスを提供できる企業はない。規模の経済のおかげで、有利に事業を展開できるのだ。同社の成功の源であり、ほかの銀行と異なる点と言えば、資産を運用するとともに、機関投資家にサービスを提供していることだろう。私たちが投資している投資信託の大半が、BNYメロンと関係している。たとえば、私たちが投資信託の株式を売却するような時には、実際には同社がその取引を処理している。また、証券バスケット型の上場投資信託を保有しているような場合、同社を介してその証券バスケットを保有しているのである。さらにBNYメロンは、世界規模におよぶ資産運用業務を行っており、年金基金、企業、財団、個人投資家にサービスを提供している。言うまでもなく、私たちが普段利用している通常の銀行とは違う。

では、銀行業界につきまとって離れない不良債権についてはどうなのだろうか？　BNYメロンの場合、二〇一一年の予想純利益およそ三二億ドルに対し、貸倒引当金はおよそ三〇〇〇万ドルである。これは、きわめて安全性が高いことを示している（同じ二〇一一年のウェルズ・ファーゴを見てみると、税引後の予想純利益一五五億ドルに対し、貸倒引当金はおよそ一四〇億ドルである。十分な余裕はあるが、ＢＮＹメロンとは雲泥の差がある）。

なおＢＮＹメロンは、二〇〇七年に二社が合併して成立した企業であるため、以下で扱う過去の実績については、二社の実績を連結した数値を採用している。

## バフェットはどこに興味を抱いたのか？

まずはわかりやすい事実を取り上げよう。二〇一一年、ＢＮＹメロンの株式は、一株あたり純資産（ＢＰＳ）に近い価格、あるいはそれ以下の価格で取引されている。つまり、一株あたり簿価で、あるいはそれ以下の価格で株式が購入できるということだ。また、合併した二社の株主資本利益率は、これまで一貫して一〇パーセントを超えていた（二〇パーセントを超える年も数年あった）。つまり、年率一〇〜二〇パーセントの収益をもたらす疑似債券を簿価で購入できるということである。

では、実際に計算してみよう。二〇一一年の同社の予想ＥＰＳは二・四〇ドルである。その株式を一株二一ドルで購入できるのだから、税引後の収益率は一一・四パーセントとなる。

ＢＮＹメロンのＥＰＳ実績を見てみると、二〇〇一年から二〇一一年にかけて、ＥＰＳが三二・六パーセント増加していることがわかる。確かに、二〇〇九年だけ赤字を記録しているが、全体的に見れば、この一〇年間に年平均二・八六パーセントの割合（複利ベース）で成長していると言える。

二〇一一年の予想ＥＰＳ二・四〇ドルに対し、この年の株価は二一ドルである。つまり、同年に株式を購入したとすると、その年の税引後利益は一株あたり二・四〇ドル、収益率は一一・四パーセントになる。しかしこの収益率は、年率二・八六パーセントの割合で増えていくものと予想される。

| 年 | EPS（ドル） |
|---|---|
| 2011 | 2.40 |
| 2010 | 2.14 |
| 2009 | -1.07 |
| 2008 | 1.20 |
| 2007 | 2.18 |
| 2006 | 1.93 |
| 2005 | 2.03 |
| 2004 | 1.85 |
| 2003 | 1.52 |
| 2002 | 1.24 |
| 2001 | 1.81 |

## BPS実績

BNYメロンのBPSは、二〇〇一年から二〇一一年の間に二二三パーセント増加した。マイナスに陥った年はなく、年率一二・四五パーセントの割合（複利ベース）で成長した計算になる。悪くない実績である。本書で求められているのは、その本来価値が年を追うごとに増加していく企業であることを思い出してもらいたい。このBPS実績は、BNYメロンが永続的な競争優位性を持っていることを如実に物語っている。

## バフェットの購入分析

BNYメロンの二〇一一年の予想BPSは

| 年 | BPS（ドル） |
|---|---|
| 2011 | 28.00 |
| 2010 | 26.63 |
| 2009 | 23.97 |
| 2008 | 22.00 |
| 2007 | 25.66 |
| 2006 | 15.34 |
| 2005 | 12.81 |
| 2004 | 11.93 |
| 2003 | 10.87 |
| 2002 | 9.21 |
| 2001 | 8.66 |

二八・〇〇ドル、予想EPSは二・四〇ドルである。つまり、同社の疑似債券は二〇一一年に八・五七パーセントの利益を生むことになる。しかし、きわめてまれなケースだが、二〇一一年に同社の株式はBPS（二八・〇〇ドル）以下の価格で取引されている。二〇一一年のおおよその株価である二一ドルで株式を購入したとすると、同社の疑似債券の二〇一一年の税引後収益率は一一・四パーセントとなる（二・四〇ドル÷二一ドル＝一一・四パーセント）。しかしこの収益率は、同社の利益が増すにつれ上昇していく。その利益は、今後も年率二・八六パーセントの割合で増えていくものと予想される。

それでは、二〇一一年に一株あたり二・四〇ドルだった利益が年率およそ二・八六パーセントで成長していくと、一〇年後にはいくらになるのだろうか？ http://www.investopedia.com/calculator/FVCal.aspx にある将来価値計算ソフトを利用すれば、簡単に計算できる。

期間ごとの利率（Interest Rate Per Time Period）を二・八六パーセント、現在価値（Present Value）を二・四〇ドル、期間数（Number of Time Periods）を一〇として、計算（Calculate）ボタンを押す。すると、三・一八ドルという数字が得られる。二〇二一年の予想EPSが三・一八ドルだということである。つまり、二〇一一年にBNYメロンの株式を一株二一ドルで購入しておけば、二〇二一年には、一株あたりの投資額二一ドルに対する税引後収益率は一五・一四パーセントになる。

二〇二一年のＥＰＳが予想できれば、その時点の株価も予想できる。しかしその計算は、二〇二一年に株式市場が同社の株式を、どの程度の株価収益率（ＰＥＲ）で評価しているかに左右される。ＢＮＹメロンの場合、過去一〇年で最低のＰＥＲは、二〇一一年の一二倍である。そこで二〇二一年のＰＥＲを一二倍とすると、同年の株価は三八・一六ドルとなる。

ＢＮＹメロンの株式を、二〇一一年に一株二一ドルで購入し、二〇二一年に一株三八・一六ドルで売却したとすると、売却益は一株あたり一七・一六ドルとなる。また、投資収益率は八一・七一パーセント、この一〇年間の年平均収益率は六・一五パーセントになる。

ＢＮＹメロンは、二〇〇九年の金融危機の際に配当を下げたが、二〇一一年の配当は一株あたり〇・五二ドルになると予想される。そこで同社が、二〇一一年のこの配当を二〇二一年まで維持できたとすると、投資家が受け取る金額は、売却価格三八・一六ドルおよび一〇年分の配当五・二〇ドルとなり、合計四三・三六ドルとなる。つまり、投資収益率は一〇六パーセント、この一〇年間の年平均収益率は七・五二パーセントに増える。

問題は、今後一〇年間のこの予想収益率が魅力的かどうかだ。バフェットは魅力的と考えたからこそ、この二年の間に同社に五一〇〇万ドルも投資したのである。

# 第9章 コカ・コーラ・カンパニー

| | |
|---|---|
| **本社所在地** | One Coca-Cola Plaza<br>Atlanta, Georgia 30313 USA |
| **電話** | (404) 676-2121 |
| **ウェブサイト** | http://www.coca-cola.com |

| | |
|---|---|
| **業種** | 飲料 |
| **販売地域** | 世界全域 |

**基本データ**

| | |
|---|---|
| **種類** | 株式公開企業 |
| **設立** | 1886年 |
| **従業員数** | 146,200人 |
| **売上高** | 462億ドル(2011年予想) |
| **純利益** | 87.6億ドル(2011年予想) |
| **EPS** | 3.85ドル(2011年予想) |
| **過去10年のEPS年平均成長率** | 9.18% |
| **BPS** | 14.60ドル(2011年度末予想) |
| **過去10年のBPS年平均成長率** | 12.32% |
| **配当/利回り** | 1.88ドル/2.8%(2011年予想) |
| **バークシャーの購入年** | 1988年、1989年、1994年 |
| **バークシャーの1株平均取得コスト** | 6.50ドル |
| **証券取引所** | NYSE |
| **ティッカー** | KO |

2011年現在バークシャーは、コカ・コーラの発行済普通株の8.6パーセントに相当する2億株を所有している。その総取得コストは12億9900万ドルだが、同社の株価は現在65ドルであり、バークシャーの持ち株の現在の価値はおよそ130億ドルに上っている。

コカ・コーラは世界中で人気の製品である。

この製品は一八八六年、アトランタでペンバートン・ケミカル・カンパニーを経営していた薬剤師ジョン・ペンバートンにより開発された。ペンバートンは南部連合国の軍人だったが、南北戦争の際に重傷を負い、その治療を受けている間にモルヒネ中毒になってしまった。そこでその治療法を見つけようと、ワインにコーラ、コカ、ダミアナ（南米の催淫薬）を調合したヴァン・マリアーニという混合飲料の製造実験を始めた。そして、同じアトランタの薬剤師ウィリス・ヴェナブルとともに独自の治療薬を完成させ、二つの主原料にちなんでコカ・コーラと命名した。こうしてコカ・コーラは、一八八六年にアトランタのジェイコブズ・ファーマシーで売りに出されたが、初年度の販売量は一〇〇リットルにも満たなかった。そこでペンバートンは四年後、ドラッグストアの起業家で非凡な戦略家でもあったエイサ・キャンドラーに、その製法を売り払ってしまった。キャンドラーは、後に世界一の売上を誇ることになる飲料の権利を、わずか二三〇〇ドル（現在の価値でおよそ五万五〇〇〇ドル）で買い取ったのだ。

キャンドラーがまず重点的に取り組んだのは、アメリカ中のソーダ水売り場にコカ・コーラの濃縮シロップを販売することだった。キャンドラーはあえて、コカ・コーラをビン詰めにして販売することを避けた。ビン詰めには、工場や設備などにかなりの投資が必要になるからだ。その代わり、顧客の求めに応じてすぐにコカ・コーラを提供できるように、アメリカ中にシロップ製造工場を建設した。この「シロップ・ビジネスモデル」により事業は急速に拡大し、会社は多大な利益を生み出していった。一八九五年には、すでに全米各地でコカ・コーラが消費されるようになっていた。

この時期にコカ・コーラのビン詰め販売を主張する者がいないわけではなかったが、キャンドラーは関心を示さず、ビン詰め事業に手を出そうとはしなかった。しかし一八九九年、テネシー州チャタヌーガの野心的な法律家、ベンジャミン・トーマスとジョゼフ・ホワイトヘッドがアトランタを訪れ、キャンドラーを説得にかかると、事情は一変した。二人は、アメリカ全域で独占的にコカ・コーラをビン詰め販売する権利を供与してほしいと申し出た。この提案に当初キャンドラーは難色を示したが、間もなくトーマスとホワイトヘッドが言わんとしていることを理解した。アメリカにはすでに、ほかの飲料のビン詰め業者が三〇〇〇以上ある。トーマスとホワイトヘッドに独占的なライセンスを供与すれば、二人はアメリカ中を駆け回り、さまざまなビン詰め業者とコカ・コーラのビン詰め契約を結んでくれることだろう。キャンドラーには一銭の損もない。さらにいいことに、この戦略にはキャンドラーに多大な富をもたらす可能性があった。これはいわば、アメリカにおけるフランチャイズ事業のさきがけだった。このような事業形態にすれば、コカ・コーラ・カンパニーは二人にコカ・コーラのシロップを販売するだけでよく、製品の質も保たれる。キャンドラーにはいいことずくめだった。

結局キャンドラーは、この取引に同意した。トーマスとホワイトヘッドはチャタヌーガに戻ると、この独占的ライセンスをもっとも有効に利用するにはどうすればいいかを徹底的に話し合い、担当区域を区分することに決めた。トーマスが東海岸とチャタヌーガを、ホワイトヘッドが南部と西部を担当することにしたのである。二人は各担当地域で、さまざまな独立系ビン詰め業者にサブライセンスを供与する見返りに、ビン詰め業者の利益の一部を徴収する契約を結んでいった。だが二人の勝負はトーマスに有利だった。東海岸にはすでにビン詰め産業が定着していたからだ。一方のホワイトヘッドは苦境に立たされた。ビン詰め産業は、南部でこそ基盤が確立されていたが、西部ではまだ揺籃期にあったのだ。そこでホワイトヘッドは、このビジネスを構築するため、チャタヌーガの法律家・実業家であるジョン・T・ラプトンと手を結んだ。二人は、これから事業を始める契約会社にライセンスと営業資金を提供する見返りに、その会社の利益の半分を徴収できる契約を結んだ（その七八年後、ラプトンの孫は、家族が所有していたビン詰めライセンスをコカ・コーラに一八億ドルで売却している）。

こうして一九一八年末には、アメリカ全域でコカ・コーラをビン詰めする工場が一〇〇〇近くにまで増えた。この事業により莫大な経済的成功を収めたキャンドラーは、一九一九年、アトランタの銀行家アーネスト・ウッドラフおよび数名の投資家に自社を二五〇〇万ドルで売却した。ウッドラフらは、コカ・コーラ・カンパニーを買い取ると、すぐさま一株四〇ドルで株式公開した。キャンドラーは、コカ・コーラをアメリカの大衆に販売することしか考えていなかったが、ウッドラフは以後六〇年をかけてコカ・コーラを世界に売り出すことになる。

ウッドラフは、一九二八年に開催されたアムステルダム・オリンピックにコカ・コーラを提供した。また、現在では一般的な六本パックを開発し、その販売を促進した（それまでは、一本ずつ購入するかケースで購入するかの選択肢しかなかった）。さらに、電気の登場および冷蔵技術の発展を受け、コカ・コーラ・クーラー（後のコイン式自動販売機）の開発にも携わった。一九四〇年になるころには、ウッドラフの指揮のもと、コカ・コーラは海外四四カ国でビン詰め・販売が行われるほど販売網を拡大していた。ウッドラフの世界征服の始まりである。

第二次世界大戦が勃発すると、ウッドラフはこう宣言した。「わが社にどれだけの負担がかかろうとも、軍服を着た兵士はみな、（通常価格一〇セントに対し）五セント払えばどこでもコカ・コーラを飲めるようにする」そして、連合国軍最高司令官ドワイト・アイゼンハワーの要請を受け、六四のビン詰め工場を設置し、およそ五〇億本ものコカ・コーラを兵士に提供した。この事業は、戦後に大々的に海外進出するための布石となった。当時はまだ、購入できるビン詰め飲料がコカ・コーラしかないという国が多かった。

一九五〇年代、六〇年代になると、その販売網を利用し、ほかの製品にも手を広げ始めた。ファンタ、タブ、フレスカなどである。一九六〇年にはミニッツ・メイド・カンパニーを買収することで、朝食用オレンジジュースなど新たな分野を開拓し、さらに市場を広げていった。

一九七〇〜八〇年代、それまで世界各地の個別のビン詰め会社で構成されていたビン詰め産業が、統合を始めた。コカ・コーラは、新たに誕生したビン詰め企業に投資することで、この整理統合を推進した。これにより同社の大手パートナー企業は、世界的に高まる需要に応えるだけの資金を確保できるようになった。一九八一年にロベルト・C・ゴイズエタが会長兼CEOに就任すると、さらなる整理統合を目指し、アメリカのビン詰め企業を統合したコカ・コーラ・エンタープライズという新たな株式公開企業を誕生させた。ゴイズエタはさらに、ダイエット・コークを導入した。この製品は二年で、世界最大の販売数を誇るダイエット炭酸飲料に、またコカ・コーラに次ぐ人気炭酸飲料になった。

バフェットが初めてコカ・コーラに投資を行ったのは、一九八七年に株式市場が暴落した時である。バークシャーは、一九八九年末までに同社の株式を一〇億二三〇〇万ドル分購入した。加えてバフェットは、一九九四年にも持ち高を積み増し、その保有株は二億株（株式分割調整後）に達した。総取得コストは一二億九九〇〇万ドルである。二〇一一年現在、バフェットはまだこの二億株を保有しており、その価値は一三〇億ドルに成長している。

一九九〇年代になると、コカ・コーラ・カンパニーはさらに製品ラインを拡大した。スポーツドリンク「パワーエイド」、子供向け果汁飲料「Qoo」、ミネラルウォーター「ダサニ」などである。また、一二〇以上の国で「シュウェップス」のブランドライセンスを取得した。現在同社は、二〇〇以上の国で一〇〇を超える飲料製品を市場に投入しており、毎日一六億以上の製品を販売している。

この企業の歴史から何を学べるだろうか？　それは、たった一つの製品が、長きにわたり莫大な富を生み出してきたということ、そしてこの製品は、おそらくこれからも、長きにわたり莫大な富を生み出していくだろうということだ。私たちの孫もひ孫も、コカ・コーラかその姉妹製品を飲むに違いない。このような、将来を予測できる製品を持っている企業、将来の利益を予測できる企業、研究開発費のかからない企業を選ぶべきなのだ。この種の企業こそ、バフェットが絶対確実と太鼓判を押す企業である。

それでは財務数字の検討を行い、コカ・コーラに投資すればどれぐらいの利益が上げられるかを見てみることにしよう。

## EPSの推移

コカ・コーラのEPSは、二〇〇一年から二〇一一年の間に一四〇パーセント増加している。この間の年平均成長率は、複利ベースで九・一八パーセントである。

二〇一一年の予想EPS三・八五ドルに対し、この年の株価は六五ドルである。つまり、同年に株式を購入したとすると、その年の税引後利益は一株あたり三・八五ドル、収益率は五・九パーセントになる。しかしこの収益率は、年率九・一八パーセントの割合で増えていくものと予想される。

## BPS実績

コカ・コーラのBPSは、二〇〇一年から二〇一一年にかけて二一九パーセント増加している。マイナスに陥った年はなく、年率一二・三二パーセントの割合（複利ベース）で成長したことになる。このような企業こそ、

| 年 | EPS(ドル) |
|---|---|
| 2011 | 3.85 |
| 2010 | 3.49 |
| 2009 | 2.93 |
| 2008 | 3.02 |
| 2007 | 2.57 |
| 2006 | 2.37 |
| 2005 | 2.17 |
| 2004 | 2.06 |
| 2003 | 1.95 |
| 2002 | 1.65 |
| 2001 | 1.60 |

バフェットが求めている企業、すなわち、年々本質価値を増大させていく企業である。

## バフェットの購入分析

コカ・コーラの二〇一一年の予想BPSは一四・六〇ドル、予想EPSは三・八五ドルである。つまり、同社の疑似債券は二〇一一年に二六・三パーセントの利益を生むことになる（三・八五ドル÷一四・六〇ドル＝二六・三パーセント）。

しかし、同社の株式をBPSと同額で購入することはできない。二〇一一年の株価はおよそ六五ドルである。この価格で購入したとすると、同社の疑似債券の二〇一一年の税引後収益率は五・九パーセントになる（三・八五ドル÷六五ドル＝五・九パーセント）。し

| 年 | BPS（ドル） |
|---|---|
| 2011 | 14.60 |
| 2010 | 13.53 |
| 2009 | 10.77 |
| 2008 | 8.85 |
| 2007 | 9.38 |
| 2006 | 7.30 |
| 2005 | 6.90 |
| 2004 | 6.61 |
| 2003 | 5.77 |
| 2002 | 4.78 |
| 2001 | 4.57 |

かしこの税引後収益率は、同社の利益が増すにつれ上昇していく。その利益は、今後も年率九・一八パーセントの割合で増えていくものと予想される。

それでは、二〇一一年に一株あたり三・八五ドルだった利益が年率およそ九・一八パーセントで成長していくと、一〇年後にはいくらになるのだろうか? http://www.investopedia.com/calculator/FVCal.aspx にある将来価値計算ソフトを使って計算してみよう。

期間ごとの利率(Interest Rate Per Time Period)を九・一八パーセント、現在価値(Present Value)を三・八五ドル、期間数(Number of Time Periods)を一〇として、計算(Calculate)ボタンを押す。すると、九・二七ドルという数字が得られる。二〇二一年の予想EPSが九・二七ドルだということである。つまり、二〇一一年にコカ・コーラの株式を一株六五ドルで購入しておけば、二〇二一年には、一株あたりの投資額六五ドルに対する収益率は一四・二パーセントになる(九・二七ドル÷六五ドル=一四・二パーセント)。

二〇二一年のEPSが予想できれば、その時点の株価も予想できる。二〇二一年に予想されるPERを一六倍とすると(この一〇年で最低のPERが一六倍だったから)、二〇二一年の株価は一四八・三二ドルになる(九・二七ドル×一六倍=一四八・三二ドル)。二〇コカ・コーラの株式を、二〇一一年に一株六五ドルで購入し、二〇二一年に一株一四八・

三二ドルで売却したとすると、売却益は一株あたり八三・三二ドルとなる。また、投資収益率は一二八パーセント、この一〇年間の年平均収益率は八・六パーセントになる。

さらに、コカ・コーラは過去一〇年間、毎年配当を増額してきた。そこで同社が、二〇一一年の一株あたり予想配当一・八八ドルを二〇二一年まで維持できたとすると、投資家が受け取る金額は、売却価格一四八・三二ドルおよび一〇年分の配当一八・八〇ドルとなり、合計一六七・一二ドルとなる。つまり、投資収益率は一五七パーセント、この一〇年間の年平均収益率は九・九パーセントに増える。

今後一〇年間のこの予想収益率は魅力的な数字だろうか？　バフェットは、一三〇億ドル分ものコカ・コーラ株を保有していることに胸を躍らせているに違いない。

# 第10章 コノコフィリップス

| | |
|---|---|
| **本社所在地** | 600 North Dairy Ashford<br>Houston, TX 77079 USA |
| **電話** | (918)661-6600 |
| **ウェブサイト** | http://www.conocophillips.com |

| | |
|---|---|
| **業種** | 石油および石油化学 |

**基本データ**

| | |
|---|---|
| **種類** | 株式公開企業 |
| **設立** | 1875年 |
| **従業員数** | 29,800人 |
| **売上高** | 251億ドル(2011年予想) |
| **純利益** | 99億ドル(2011年予想) |
| **EPS** | 8.35ドル(2011年予想) |
| **過去10年のEPS年平均成長率** | 11.15% |
| **BPS** | 54.20ドル(2011年度末予想) |
| **過去10年のBPS年平均成長率** | 11.19% |
| **配当/利回り** | 2.64ドル/4.17%(2011年予想) |
| **バークシャーの購入年** | 2006～2007年 |
| **バークシャーの1株平均取得コスト** | 69.66ドル |
| **証券取引所** | NYSE |
| **ティッカー** | COP |

2011年現在、バークシャーはコノコフィリップスの株式を2910万9636株保有している(発行済株式数の2パーセント)。同社の株価は現在67ドルであり、バークシャーの持ち株の価値はおよそ19億5000万ドルとなるが、1株平均取得コストが69.66ドル、総取得コストが20億2800万ドルなので、バークシャーはこの投資で7800万ドルの損失を被っていることになる。だがこれは、現在の下げ相場によるものだ。バフェット流に考えれば、永続的な競争優位性を持つ企業の場合、株価が下がった時こそ長期投資の狙い目となる。

コノコフィリップスは、世界中で事業を展開している石油・石油化学企業である。二〇〇二年にコノコとフィリップス・ペトロリアムの合併により誕生した。石油・天然ガスの確認埋蔵量および生産量ではアメリカ第三の総合エネルギー企業であり、アメリカ最大の精油企業でもある。北アメリカではコノコ、フィリップス66、76ルブリカンツ、ヨーロッパではジェットというブランドで燃料を販売している。

コノコもフィリップス・ペトロリアムも、長きにわたり多様な歴史を刻んできた企業である。コノコは一八七五年、ユタ州オグデンで創業した。創業者のアイザック・ブレークは、オグデンの住民が企業や家庭の照明にろうそくや鯨油を使用しているところに目をつけた。この地域でも灯油は手に入ったが、きわめて高価だったのだ。そこでブレークは、東部の安い製油業者から灯油をまとめて買い込み、それを当時できたばかりの鉄道でオグデンに輸送すればいいと考えた。そして実際に、需要を刺激するような低価格で灯油を販売したのである。次にブレークは、カリフォルニアのゴールドラッシュを利用するアイデアを思いついた。灯油をロサンゼルスまで鉄道で輸送し、さらに船でサンフランシスコまで運ぶと、そこで容器に詰め、北カリフォルニアの金採掘地で働く採金者に販売したのだ。こうして経営を軌道に乗せると、第二次世界大戦中には、世界各国に展開するアメリカ空軍に航空機燃料を提供し、飛躍的な発展を遂げた。

一方のフィリップス・ペトロリアムは、石油の試掘を行っていたフランク・フィリップスとL・E・フィリップスが創業した企業である。二人はオクラホマで石油の試掘を行い、立て続けに八一もの油井を発見すると、その一二年後にオクラホマ州バートルズビルに同社を設立した。一九二七年、オクラホマ州やテキサス州に所有する二〇〇〇以上の油井から五万五〇〇〇バーレルもの石油を産出するまでに成長した同社は、ガソリンスタンドの一号店を開設した。後にこのガソリンスタンドは一万店まで増えることになる。

こうして二〇〇〇年を迎えるころには、両社とも世界的な大企業に成長していた。そして二〇〇二年、フィリップス・ペトロリアムがコノコを買収し、非政府系企業としては世界第七位の確認埋蔵量を有し、世界第四位の精油量を誇る企業が誕生した。

コノコフィリップスについて注目すべき事実を一つ挙げるとすれば、それは、およそ一〇三億バーレルに及ぶ確認石油埋蔵量を有していることだ。二〇一一年の石油価格は一バーレル八〇ドルなので、この石油は八二四〇億ドルもの価値があることになる（一株あたり五八八ドル）。ちなみに、二〇〇二年の石油価格は一バーレル二五ドルほどだったため、同じ一〇三億バーレルの石油でも二五七五億ドルの価値しかなかった（一株あたり一八三ドル）。つまり、二〇〇二年から二〇一一年までの間に、地下に眠っている石油の価値は三倍以上ふくらんだことになる。バフェットが同社の株式を買い始めたのは二〇〇六年からだが、当時の石油価格は一バーレルおよそ六〇ドル、同社の確認石油埋蔵量は九四億バーレルであり、その価値は五六四〇億ドルだった（一株あたり三四三ドル）。

バフェットはこれまで、石油会社や鉱業会社への投資を避けてきた。石油や金を掘り尽くしてしまえば、企業には空になった地下穴しか残らないからだ。しかしコノコフィリップスの場合、地下に眠る石油の潜在価値が相対的に高く、その一株あたりの価値は、株価をはるかに超えている（株価四四ドルに対し、石油の価値は一株あたり三四三ドル）。これは十分な安全マージンであり、この投資により多大な利益を手に入れる可能性があることを示唆している。

## EPS実績

コノコフィリップスのＥＰＳ実績を見ると、二〇〇一年から二〇一一年の間に一八七パーセントの伸びを示している。この一〇年間の

| 年 | EPS（ドル） |
|---|---|
| 2011 | 8.35 |
| 2010 | 5.92 |
| 2009 | 3.24 |
| 2008 | 10.66 |
| 2007 | 9.14 |
| 2006 | 9.99 |
| 2005 | 9.35 |
| 2004 | 5.79 |
| 2003 | 3.35 |
| 2002 | 1.56 |
| 2001 | 2.90 |

年平均成長率は、複利ベースで一一・一五パーセントである。

二〇一一年の予想EPS八・三五ドルに対し、この年の株価は六七ドルである。つまり、同年に株式を購入したとすると、その年の税引後利益は一株あたり八・三五ドル、収益率は一二・四パーセントになる（八・三五ドル÷六七ドル＝一二・四パーセント）。しかし、EPSがこれまでどおり年率一一・一五パーセントで増えていくと思われるため、今後この収益率も、それに伴い上昇していくと予想される。

## BPS実績

二〇〇一年から二〇一一年にかけて、コノコフィリップスのBPSは一八八パーセント

| 年 | BPS（ドル） |
|---|---|
| 2011 | 54.20 |
| 2010 | 47.92 |
| 2009 | 42.03 |
| 2008 | 37.27 |
| 2007 | 56.63 |
| 2006 | 50.21 |
| 2005 | 36.22 |
| 2004 | 29.72 |
| 2003 | 25.17 |
| 2002 | 21.59 |
| 2001 | 18.76 |

算になる。

増加した。この一〇年間に年率一一・一九パーセントの割合（複利ベース）で成長した計

## バフェットの購入分析

コノコフィリップスの二〇一一年の予想BPSは五四・二〇ドル、予想EPSは八・三五ドルである。つまり、同社の疑似債券は二〇一一年に一五・四パーセントの利益を生むことになる（八・三五ドル÷五四・二〇ドル＝一五・四パーセント）。しかし、同社のEPSが今後も年率一一・一五パーセントの割合で増えていくに従い、この収益率も上昇していくと思われる。

しかし、同社の株式をBPSと同額で購入することはできない。二〇一一年の株価はおよそ六七ドルである。この価格で購入したとすると、同社の疑似債券の二〇一一年の税引後収益率は一二・四パーセントになる（八・三五ドル÷六七ドル＝一二・四パーセント）。

それでは、二〇一一年に一株あたり八・三五ドルだった税引後利益が年率一一・一五パーセントで成長していくと、一〇年後にはいくらになるのだろうか？　http://www.investopedia.com/calculator/FVCal.aspxにある将来価値計算ソフトを利用すれば、簡単に計算できる。

期間ごとの利率（Interest Rate Per Time Period）を一一・一五パーセント、現在価値（Present Value）を八・三五ドル、期間数（Number of Time Periods）を一〇として、計算（Calculate）ボタンを押す。すると、二四・〇三ドルという数字が得られる。つまり、同社の二〇二一年の予想EPSは二四・〇三ドルだということである。

二〇二一年のEPSが予想できれば、その時点の株価も予想できる。しかしその計算は、二〇二一年に株式市場が同社の株式を、どの程度の株価収益率（PER）で評価しているかに左右される。コノコフィリップスの場合、過去一〇年のPERは、最高が一七倍、最低が七倍だった。そこで二〇二一年のPERを控えめに七倍とすると、同年の株価は一六八・二一ドルになる（二四・〇三ドル×七倍＝一六八・二一ドル）。コノコフィリップスの株式を、二〇一一年に一株六七ドルで購入し、二〇二一年に一株一六八・二一ドルで売却したとすると、売却益は一株あたり一〇一・二一ドルとなる。また、投資収益率は一五一パーセント、この一〇年間の年平均収益率は九・六パーセントになる。

さらにコノコフィリップスは、過去一〇年間にわたり一貫して配当を増額してきた。そこで同社が、二〇一一年の一株あたり予想配当二・六四ドルを二〇二一年まで維持できたとすると、投資家が受け取る金額は、売却価格一六八・二一ドルおよび一〇年分の配当二六・四〇ドルとなり、合計一九四・六一ドルとなる。つまり、投資収益率は一九〇パーセント、この一〇年間の年平均収益率は一一・二五パーセントに増える。

今後一〇年間のこの控えめな予想収益率を見て、投資家は魅力を感じるだろうか？　バフェットは魅力的と考えたからこそ、バークシャーのポートフォリオに一九億五〇〇〇万ドル分ものコノコフィリップス株を保有しているのである。

第11章

# コストコ・ホールセール・コーポレーション

**本社所在地**　999 Lake Drive
Issaquah, WA 98027 USA
**電話**　(425)313-8100
**ウェブサイト**　http://www.costco.com

**業種**　ディスカウント小売業／食料品・ワイン／衣類／家具・インテリア

**基本データ**

| | |
|---|---|
| **種類** | 株式公開企業 |
| **設立** | 1983年 |
| **従業員数** | 164,000人 |
| **売上高** | 850億ドル(2011年予想) |
| **純利益** | 14億ドル(2011年予想) |
| **EPS** | 3.30ドル(2011年予想) |
| **過去10年のEPS年平均成長率** | 9.85% |
| **BPS** | 27.90ドル(2011年度末予想) |
| **過去10年のBPS年平均成長率** | 9.95% |
| **配当／利回り** | 0.96ドル／1.1%(2011年予想) |
| **バークシャーの購入年** | 2002年 |
| **バークシャーの1株平均取得コスト** | 34ドル |
| **証券取引所** | NDQ |
| **ティッカー** | COST |

2011年現在、バークシャーはコストコの株式を433万3363株所有している(発行済株式数のおよそ1パーセント)。同社の株価は現在81ドルであり、バークシャーの持ち株の価値はおよそ3億5100万ドルとなる。これらの株式の総取得コストが1億4700万ドルなので、バークシャーはこの投資で2億0400万ドルの利益を上げていることになる。

コストコは、アッパーミドルクラスの需要に応え、高品質のブランド製品、アルコール類、食料品を割引価格で大量に取り扱っている小売店である。シャンパンのヴーヴ・クリコを安く手に入れたい？　それならコストコに行けばいい。タイトリストの最高級ゴルフボールが一ダース欲しい？　コストコにはそんなものもある。

コストコは、アメリカ最大の会員制チェーン店であり、アメリカ第三の規模を誇る小売店である。世界的に見ても、その規模では第九位、高級ワインの販売量では第一位に位置している。

コストコは一九八三年にシアトルで開業し、「豊かな暮らしにあこがれる」マイクロソフト社の従業員など、アッパーミドルクラスに高級商品を割引価格で販売し始めた（訳注：一号店はマイクロソフト本社の近くにあった）。もっといい暮らしをしたい、あるいは現在の裕福な生活をこのまま維持したいのなら、フランス産の高額なワインやチーズをできるだけ安く買うに越したことはない。コストコは、世界的な規模でこうした需要に応えている。同社の倉庫型店舗は、アメリカに四一六、カナダに七九、イギリスに二二、日本に九、韓国に七、台湾に六、オーストラリアに一、メキシコに三二と、世界中に数を増やしつつある。一九八三年にゼロからスタートした同社は、こうして二〇一一年には予想売上高八五〇億ドル、予想純利益一四億ドルを生み出すまでに成長した。

コストコは、規模を拡大するにつれ、取り扱う高級ブランド製品の種類を増やし、電化製品、食料雑貨、ゴルフ用品、自動車のタイヤ、衣類、化粧品にまで手を広げている。さらに、ニューヨークタイムズ紙の旅行欄に掲載されているような主要観光地への旅行プランを提供する旅行代理業を始めたほか、処方薬の販売も行っている。これらの事業はいずれも、世界中の顧客により少ない出費で裕福な生活を送ってもらうことを目指して行われている。

## バフェットはどこに興味を抱いたのか?

バフェットならば、まずこう考えるだろう。このようなブランド商品の割引販売事業を行うコストコの株式を購入すれば、利益を増やすことができるのだろうか? 実際、バフェットはこうした考え方しかしない。ある企業の株式で利益を増やすことができるかどうかを手っ取り早く判断したければ、その企業のEPSが長期的にどのような傾向を示しているかを確認すればいい。

では、コストコのEPS実績を見てみよう。過去一〇年の間には、二〇〇八~〇九年の金融危機があった。それでも同社のEPSは、二〇〇一年から二〇一一年の間に一五五パーセントも増加した。年平均に換算すると、その成長率は複利ベースで九・八五パーセントとなる。

この実績を、優れた永続的競争優位性を誇るコカ・コーラの実績と比較してみよう。同じ一〇年間のコカ・コーラのＥＰＳ増加率は一四〇パーセント、年平均成長率は複利ベースで九・一八パーセントである。バフェットのパートナーであるチャーリー・マンガーがコストコに夢中になり、その取締役に加わった理由も容易に理解できるだろう。コストコは、世界中の優良ブランドで育つ「金の生る木」なのだ。

二〇一一年の予想ＥＰＳ三・三〇ドルに対し、この年の株価は八一ドルである。つまり、同年に株式を購入したとすると、その年の税引後利益は一株あたり三・三〇ドル、収益率は四パーセントになる。しかしこの収益率は、年率九・八五パーセントの割合で増えていくものと予想される。

| 年 | EPS（ドル） |
|---|---|
| 2011 | 3.30 |
| 2010 | 2.93 |
| 2009 | 2.57 |
| 2008 | 2.89 |
| 2007 | 2.63 |
| 2006 | 2.31 |
| 2005 | 2.04 |
| 2004 | 1.86 |
| 2003 | 1.53 |
| 2002 | 1.48 |
| 2001 | 1.29 |

その一方BPSは、二〇〇一年から二〇一一年の間に一五八パーセント増加した。年平均成長率は複利ベースで九・九五パーセントである。

EPSの増加に伴い、BPSも急速に成長している。EPSとBPSの成長率で言えば、コストコはバフェットのポートフォリオの中でもきわめて優秀な企業である。

## コストコの現在の投資価値

コストコの二〇一一年の予想BPSは二七・九〇ドル、予想EPSは三・三〇ドルである。つまり、同社の疑似債券は二〇一一年に一一・八二パーセントの利益を生むことになる。しかし、同社の株式をBPSと同額で購入することはできない。二〇一一年の株価

| 年 | BPS（ドル） |
|---|---|
| 2011 | 27.90 |
| 2010 | 24.98 |
| 2009 | 22.98 |
| 2008 | 21.25 |
| 2007 | 19.73 |
| 2006 | 19.78 |
| 2005 | 18.80 |
| 2004 | 16.48 |
| 2003 | 14.33 |
| 2002 | 12.51 |
| 2001 | 10.81 |

はおよそ八一ドルである。この価格で購入したとすると、同社の疑似債券の二〇一一年の税引後収益率は四パーセントになる（三・三〇ドル÷八一ドル＝四パーセント）。しかしこの収益率は、同社の利益が増すにつれて上昇していく。同社はこれからも売上高と会員数を増やし続けて、年率九・八五パーセントの割合で利益を成長させていくものと予想される。

それでは、二〇一一年に一株あたり三・三〇ドルだった利益が年率およそ九・八五パーセントで成長していくと、一〇年後にはいくらになるのだろうか？　http://www.investopedia.com/calculator/FVCal.aspx にある将来価値計算ソフトを使って計算してみよう。

期間ごとの利率（Interest Rate Per Time Period）を九・八五パーセント、現在価値（Present Value）を三・三〇ドル、期間数（Number of Time Periods）を一〇として、計算（Calculate）ボタンを押す。すると、八・二四ドルという数字が得られる。つまり、二〇一一年にコストコの株式を一株八一ドルで購入しておけば、二〇二一年に同社は、一株あたり八・二四ドルの利益を上げると予想される。

二〇二一年のＥＰＳが予想できれば、その時点の株価も予想できる。しかしその計算は、二〇二一年に株式市場が同社の株式を、どの程度の株価収益率（ＰＥＲ）で評価しているかに左右される。過去一〇年のＰＥＲの最低値は一九・五倍だったので、その値を使って計算すると、二〇二一年の株価は一六〇・六八ドルになる（八・二四ドル×一九・五倍＝一六〇・六八ドル）。コストコの株式を、二〇一一年に一株八一ドルで購入し、二〇二一年に一株一六〇・六八ドルで売却したとすると、売却益は一株あたり七九・六八ドルとなる。また、投資収益率は九八パーセント、この一〇年間の年平均収益率は七・〇九パーセントになる。

コストコは、二〇〇四年まで配当を支払っていなかったが、それ以降七年間にわたり、毎年一貫して配当を増額してきた。そこで同社が、二〇一一年の一株あたり予想配当〇・九六ドルを二〇二一年まで維持できたとすると、投資家が受け取る金額は、売却価格一六〇・六八ドルおよび一〇年分の配当九・六〇ドルとなり、合計一七〇・二八ドルとなる。つまり配当を加えると、投資収益率は一一〇パーセント、この一〇年間の年平均収益率は七・七一パーセントに増える。

この計算には、http://www.moneychimp.com/calculator/discount_rate_calculator.htm を利用するといい。

現在価値（Present Value）を八一ドル、将来価値（Future Value）を一七〇・二八ドル、年数（Years）を一〇として、計算（Calculate）ボタンを押す。その結果得られる数字が、複利ベースの年平均成長率（収益率）である。この場合には、七・七一パーセントとなる。

問題は、今後一〇年間のこの予想収益率が魅力的かどうかだ。バフェットはこれを魅力的ととらえ、三億五一〇〇万ドルもの資金をコストコの株式に投資し続けている。

# 第12章 グラクソ・スミスクライン

**所在地**

| | |
|---|---|
| **イギリス本社** | Glaxo Wellcome House<br>Berkeley Avenue, Greenford, Middlesex, England |
| **アメリカ支社** | 1 Franklin Plaza<br>PO Box 7929 Philadelphia, PA 19101 USA |
| **電話（アメリカ支社）** | (215)751-4638 |
| **ウェブサイト** | http://www.gsk.com |
| **業種** | 薬剤／一般用ヘルスケア製品 |

**基本データ**

| | |
|---|---|
| **種類** | 株式公開企業 |
| **設立** | 1880／1904／1843／1865年 |
| **従業員数** | 97,389人 |
| **売上高** | 430億ドル（2011年予想） |
| **純利益** | 87億ドル（2011年予想） |
| **EPS** | 3.80ドル（2011年予想） |
| **過去10年のEPS年平均成長率** | 10.19% |
| **BPS** | 6.20ドル（2011年度末予想） |
| **過去10年のBPS年平均成長率** | 5.62% |
| **配当／利回り** | 2.08ドル／5.3%（2011年予想） |
| **バークシャーの購入年** | 2007年 |
| **バークシャーの1株平均取得コスト** | 50ドル |
| **証券取引所** | NYSE ／ LON |
| **ティッカー** | GSK |

2011年現在、バークシャーはグラクソ・スミスクラインの株式を151万株所有している。株式と言っても、NYSEで取引されているADRである（ADRとは米国預託証券のことで、これにより外国企業は、証券取引委員会に完全登録しなくてもアメリカで株式を売買することができる）。同社の株価は現在40ドルであり、バークシャーの持ち株の価値はおよそ6040万ドルとなるが、これらの株式の総取得コストが7550万ドルなので、バークシャーはこの投資で1510万ドルの損失を被っていることになる。この損失は、最近の株価の下落によるものである。だが、同社が持つ経済力はきわめて強固であり、長期的に見れば、同社はきわめて魅力的な投資対象だと言える。

グラクソ・スミスクラインは、薬剤、生物製剤、一般用ヘルスケア製品、ワクチンの製造・販売において、世界第三位の売上高を誇る大企業である。

同社は二〇〇〇年、イギリスに本社を置く二つの会社、グラクソ・ウェルカムとスミスクライン・ビーチャムの合併により誕生した。グラクソ・ウェルカムは、一九〇四年にニュージーランドで創業したグラクソと、一八八〇年にロンドンで創設されたバローズ・ウェルカム&カンパニーが合併して生まれた企業である。またスミスクライン・ビーチャムも、一八六五年に誕生したアメリカ企業スミス・クライン&カンパニーと、一八四三年にイギリスに設立されたビーチャム・グループとの合併の産物である。これら四社はいずれも一〇〇年以上の歴史を持つ老舗企業であり、一つに統合することで世界的な大企業となった。

## ワクチン事業

製薬業界で永続的な競争優位性を手に入れたければ、大ヒット医薬品の特許を所有するのがいちばんいい。次にいいのは、世界各国の保健省に、小児の予防接種に必要なワクチンを独占的に売り込むことである。どちらのビジネスもきわめて収益性が高いが、グラクソ・スミスクラインは、両方のビジネスに長けている。

ワクチン事業は、きわめて魅力的なビジネスである。予防接種一回分のワクチンを製造するのにかかるコストは一・五〇ドル程度だが、それをおよそ九ドルで国に売ることができるからだ。つまりグラクソ・スミスクラインは、予防接種一回につきおよそ七・五〇ドルの純利益を上げられる。これはきわめて健全な利益率であり、その利益は、同社が新たな病気のワクチンを開発するたびに増えていく。実際、二〇〇九年に豚インフルエンザが大流行した際、同社の利益は一〇パーセントも上がった。同社が豚インフルエンザに対する最新ワクチンを提供できたからだ。

グラクソ・スミスクラインは、こうしたワクチンの特許による永続的な競争優位性に加え、世界各国の政府と密接な関係を築いている。また、世界的な規模でワクチンを開発・製造・販売する資金力を備えている。もし自分が、国内の三〇〇〇万人以上の子供の健康を管理しなければならない立場にあるとしたら、毎年どの企業からワクチンを購入するだろうか? おそらくは、優れた実績のある大企業を選ぶに違いない。世界のワクチン製造は、四つの大手製薬企業がそのほとんどを独占している。グラクソ・スミスクラインはその四社のうちの一つなのである。

ワクチン事業には、ほかにも多大な利益をもたらす要素がある。毎年、世界中の女性がおよそ一億三三〇〇万人もの新生児を産んでいる。アメリカだけを見ても、新生児の数は四三〇万人に及ぶ。アメリカの疾病管理センターでは、出生後六歳までの間に、児童に三四種の予防接種を行うことを推奨している。つまり、アメリカだけでも、この三四種のワクチンの市場は毎年四三〇万人ずつ拡大している。ということは、アメリカで販売を行っているワクチン製造業者は、毎年一〇億九〇〇〇万ドルもの利益を上げられる計算になる（四三〇万人×三四種×七・五〇ドル＝一〇億九〇〇〇万ドル）。これを世界規模にまで広げて考えてみれば、その利益はおよそ三三九億ドルというとてつもない数字になる（一億三三〇〇万人×三四種×七・五〇ドル＝三三九億ドル）。これが一〇年続けば、ワクチン製造業者の純利益は、アメリカだけでも一〇〇億ドル以上になる。世界規模では何と三四〇〇億ドルである。

それだけではない。製薬会社は新たなワクチンを開発するごとに特許を取得する。この特許は二〇年間有効であり、その間他社はこのワクチンを製造することができない。いわばその企業だけが独占的にワクチンを製造・販売することができる。

この特許が切れたとしても、ほかの企業がこの市場に参入してくることは滅多にない。大手製薬企業が、世界各国の保健省と永続的な関係を築いているからだ。そのため、これら大手製薬企業は以後も同じワクチンを製造し続けることができる。特許が切れた後でも多大な利益を維持することが可能なのだ。

さらにつけ加えておけば、アメリカのワクチン製造業者は訴訟を起こされる心配が全くない。一九八〇年代、一部の不良ワクチンにより数多くの児童が被害を受ける事件が発生し、訴訟に負けた製造業者は破産の危機に追い込まれた。そこでワクチン製造業者が議会に働きかけ、業者を保護する法案を成立させたのだ。

## 処方薬事業

次に、グラクソ・スミスクラインの処方薬に目を向けてみよう。同社の代表的製品と言えば、パキシル、ウェルブトリン、ゾフラン、オーグメンチン、バルトレックスなどが挙げられる。これらの特許権はいずれもすでに消滅している。つまり同社は今後、ジェネリック医薬品との競争を迫られるということだ。しかしグラクソ・スミスクラインには、多大な利益を生み出すブランド薬品が無数にあるうえ、新たな薬品を研究している科学者や研究者が大勢いる。

たとえば、ある薬品の特許権が消滅し、より安価な代替薬品が出回ったとしても、結局のところ多くの患者が同社のブランド薬品を希望し続けている。グラクソ・スミスクラインの喘息治療薬アドベア（日本での商品名はアドエア）も、そんな薬品の一つだ。同社はテレビコマーシャルを通じて、消費者や患者の脳裏にアドベアというブランド名を植えつけている。そのため、担当医に直接アドベアを処方してほしいと希望する患者は後を絶たない。患者が処方薬を追加購入すれば、そのたびに同社に利益が流れていく。実際二〇一〇年だけを見ても、アドベアは八〇億ドルもの売上を示している。

グラクソ・スミスクラインのブランド薬品を以下に列挙してみよう。これらの製品は、毎年同社の収益に多大な貢献をしている。

アドベア
アルベンザ
アライ
アマージ
アモキシル
アクアフレッシュ
アリクストラ
アラノン
オーグメンチン
アバンディア
アボダート
BCパウダー
ビーノ
ベコナーゼ
バイオティーン
ボニバ
ブースト
セフチン
コレグ
コレグCR
デキセドリン
フリクサナーゼ（日本での商品名はフルナーゼ）
ジェリトール
グリオキサイド
グッディズ・パウダー
ホーリック

イミトレックス
ケプラ
ラミクタール
ラノキシン
レビトラ（バイエルとの共同開発）
ロバザ
ルコゼード
マクリーンズ（歯磨き粉）
ニコダーム
ニコレット
ニクイチン
パナドール
パナドール・ナイト
パンデムリックス
パルネート
パロドンタックス
パキシル

プロマクタ
ラルジェックス
リレンザ
リキップ
ライビーナ
センソダイン
サーリペット
セトラーズ
タガメット
トレキシメット
トリジビル
タムス
ツインリックス
タイケルブ
バルトレックス
ベントリンＨＦＡ
ベラミスト

ベシケア
ウェルブトリン
ザンタック
ゾフラン
ゾビラックス

## EPSの推移

バフェットによれば、企業のEPSの推移を見れば、その企業が永続的な競争優位性を持っているかどうかがわかる。EPSが増加していれば、安定した収益を維持できるだけの競争力を備えていることになる。グラクソ・スミスクラインのEPS実績は、同社がまさにそのような競争力を有していることを示している。二〇一〇年に大々的なリストラを敢行したため（経営合理化や作業の効率化など）、EPSは〇・九九ドルにまで落ち込んだが、翌年の予想ではすぐさま三・八〇ドルにまで回復している。

二〇〇一年から二〇一一年にかけて、グラクソ・スミスクラインのEPSは一六三パーセント増加した。赤字に陥った年はなく、年率一〇・一九パーセントの割合（複利ベース）で成長したことになる。

二〇一一年の予想EPS三・八〇ドルに対し、この年の株価は四〇ドルである。つまり、同年に株式を購入したとすると、その年の税引後利益は一株あたり三・八〇ドル、収益率は九・五パーセントになる。しかしこの収益率は、年率およそ一〇・一九パーセントの割合で増加していくものと予想される。

## ＢＰＳ実績

二〇〇一年から二〇一一年にかけて、グラクソ・スミスクラインのＢＰＳは七二パーセント増加した。この間の年平均成長率は、複利ベースで五・六二パーセントである。ＥＰＳの成長率（一〇・一九パーセント）に比べ、ＢＰＳの成長率（五・六二パーセント）がこれほど低いのはなぜか？　同社は、多額の純利益を内部留保しなくても、ＥＰＳを増加させることができる。そのため、設備更新など

| 年 | EPS（ドル） |
|---|---|
| 2011 | 3.80 |
| 2010 | 0.99 |
| 2009 | 3.38 |
| 2008 | 3.26 |
| 2007 | 3.74 |
| 2006 | 3.50 |
| 2005 | 2.98 |
| 2004 | 2.74 |
| 2003 | 2.52 |
| 2002 | 1.98 |
| 2001 | 1.44 |

に使わなかった利益を配当として支払っているからである。

## バフェットの購入分析

グラクソ・スミスクラインの二〇一一年の予想BPSは六・二〇ドル、予想EPSは三・八〇ドルである。すなわち、同社の疑似債券は二〇一一年に六一・二パーセントの利益を生むことになる。驚くべき利率の債券である。

しかし、同社の株式をBPSと同額で購入することはできない。二〇一一年の株価はおよそ四〇ドルである。この価格で購入したとすると、同社の疑似債券の二〇一一年の税引後収益率は九・五パーセントになる（三・八〇ドル÷四〇ドル＝九・五パーセント）。し

| 年 | BPS（ドル） |
|---|---|
| 2011 | 6.20 |
| 2010 | 5.24 |
| 2009 | 6.21 |
| 2008 | 5.21 |
| 2007 | 6.98 |
| 2006 | 6.53 |
| 2005 | 4.69 |
| 2004 | 4.15 |
| 2003 | 4.76 |
| 2002 | 3.58 |
| 2001 | 3.59 |

かしこの収益率は、同社の利益が増すにつれ上昇していく。その利益は、今後も年率一〇・一九パーセントの割合で増えていくものと予想される。

それでは、二〇一一年に一株あたり三・八〇ドルだった利益が年率およそ一〇・一九パーセントで成長していくと、一〇年後にはいくらになるのだろうか? http://www.investopedia.com/calculator/FVCal.aspx にある将来価値計算ソフトを利用すれば、簡単に計算できる。

期間ごとの利率(Interest Rate Per Time Period)を一〇・一九パーセント、現在価値(Present Value)を三・八〇ドル、期間数(Number of Time Periods)を一〇として、計算(Calculate)ボタンを押す。すると、一〇・〇三ドルという数字が得られる。つまり、同社の二〇二一年の予想EPSは一〇・〇三ドルだということである。

二〇二一年のEPSが予想できれば、その時点の株価も予想できる。しかしその計算は、二〇二一年に株式市場が同社の株式を、どの程度の株価収益率(PER)で評価しているかに左右される。グラクソ・スミスクラインの場合、過去一〇年で最低のPERは、二〇一一年の一一倍である。そこで二〇二一年のPERを一一倍とすると、同年の株価は一一〇・三三ドルになる(一〇・〇三ドル×一一倍=一一〇・三三ドル)。同社の株式を、二〇一一年に一株四〇ドルで購入し、二〇二一年に一株一一〇・三三ドルで売却したとすると、売却益は一株あたり七〇・三三ドルとなる。また、投資収益率は一七五パーセント、この一〇年間の年平均収益率は複利ベースで一〇・六八パーセントになる。

さらに、グラクソ・スミスクラインは過去一〇年間にわたり、ほぼ毎年配当を増額してきた。そこで同社が、二〇一一年の一株あたり予想配当二・〇八ドルを二〇二一年まで維持できたとすると、投資家が受け取る金額は、売却価格一一〇・三三ドルおよび一〇年分の配当二〇・八〇ドルとなり、合計一三一・一三ドルとなる。つまり、投資収益率は二二七パーセント、この一〇年間の年平均収益率は一二・六一パーセントに増える。

問題は、今後一〇年間のこの予想収益率が魅力的かどうかだ。バフェットが七五五〇万ドルもの資金を投じてグラクソ・スミスクライン株を購入したのは、この予想収益率がきわめて魅力的だと判断したからだ。この投資で短期的に損失を被ったとしても、その判断に揺るぎはない。

# 第13章 ジョンソン・エンド・ジョンソン

| | |
|---|---|
| **本社所在地** | One Johnson & Johnson Plaza<br>New Brunswick, New Jersey 08933 USA |
| **電話** | (732)524-0400 |
| **ウェブサイト** | http://www.jnj.com |
| **業種** | 薬剤／ヘルスケア製品・消費財 |

**基本データ**

| | |
|---|---|
| **種類** | 株式公開企業 |
| **設立** | 1886年 |
| **従業員数** | 117,900人 |
| **売上高** | 650億ドル(2011年予想) |
| **純利益** | 137億ドル(2011年予想) |
| **EPS** | 4.95ドル(2011年予想) |
| **過去10年のEPS年平均成長率** | 9.99% |
| **BPS** | 23.05ドル(2011年度末予想) |
| **過去10年のBPS年平均成長率** | 11.23% |
| **配当／利回り** | 2.28ドル／3.4%(2011年予想) |
| **バークシャーの購入年** | 2006年、2007年、2010年 |
| **バークシャーの1株平均取得コスト** | 60.85ドル |
| **証券取引所** | NYSE |
| **ティッカー** | JNJ |

2011年現在、バークシャーはジョンソン・エンド・ジョンソンの株式を4502万2563株保有している(発行済株式数の1.6パーセント)。同社の株価は現在65ドルであり、バークシャーの持ち株の価値はおよそ29億3000万ドルとなる。これらの株式の総取得コストが27億4000万ドルなので、バークシャーはこの投資で1億9000万ドルの利益を上げていることになる。

pen BOOKS 『Pen』で好評を博した特集が書籍になりました。［ペン編集部 編］

最新刊 神社とは何か? お寺とは何か? 2
必ず訪れたい寺社巡りガイド ●定価1575円／ISBN978-4-484-12210-6

好評2刷!
キリスト教とは何か。I 西洋美術で読み解く、聖書の世界
池上英洋 監修 ●定価1890円／ISBN978-4-484-11232-9

キリスト教とは何か。II もっと知りたい! 文化と歴史
●定価1890円／ISBN978-4-484-11233-6

やっぱり好きだ! 草間彌生。2刷 ●定価1890円／ISBN978-4-484-11220-6

恐竜の世界へ。ここまでわかった! 恐竜研究の最前線
真鍋真 監修
●定価1680円／ISBN978-4-484-11217-6

印象派。絵画を変えた革命家たち ●定価1680円／ISBN978-4-484-10228-3

1冊まるごと佐藤可士和。[2000-2010] ●定価1785円／ISBN978-4-484-10215-3

広告のデザイン ●定価1575円／ISBN978-4-484-10209-2

江戸デザイン学。 ●定価1575円／ISBN978-4-484-10203-0

もっと知りたい戦国武将。 ●定価1575円／ISBN978-4-484-10202-3

美しい絵本。3刷 ●定価1575円／ISBN978-4-484-09233-1

千利休の功罪。2刷
木村宗慎 監修
●定価1575円／ISBN978-4-484-09217-1

茶の湯デザイン 5刷
木村宗慎 監修
●定価1890円／ISBN978-4-484-09216-4

神社とは何か? お寺とは何か? 8刷
武光誠 監修
●定価1575円／ISBN978-4-484-09231-7

ルーヴル美術館へ。 ●定価1680円／ISBN978-4-484-09214-0

パリ美術館マップ ●定価1680円／ISBN978-4-484-09215-7

ダ・ヴィンチ全作品・全解剖。3刷
池上英洋 監修
●定価1575円／ISBN978-4-484-09212-6

madame FIGARO Books フィガロジャポンの好評特集が本になりました!
［フィガロジャポン編集部 編］

最新刊 憧れは、パリジェンヌの部屋。 ●定価1575円／ISBN978-4-484-12204-5

パリの雑貨とアンティーク。2刷 ●定価1680円／ISBN978-4-484-11204-6

パリのビストロ。3刷 ●定価1575円／ISBN978-4-484-10234-4

パリのお菓子。2刷 ●定価1575円／ISBN978-4-484-10227-6

## 2012年6月の新刊

### 今日は、人生を変える日。
人生は短い。一緒にいたくない人と、やりたくないことをして過ごすなんてもってのほか。「今日は○○をやる日」全12ステップで、あなたにもきっと新しい人生の扉が開かれます。
エレイン・ハリソン　小林博子／和泉裕子 訳　●定価1575円／ISBN978-4-484-12114-7

### 仕事はどれも同じ 「今やっている仕事」を「やりたい仕事」にする方法
今の職場に嫌気が差している人のための〈期待を危機管理する方法〉とは？ ドイツで「非失業者」のバイブルとなったベストセラーが日本上陸。月曜日の憂鬱よ、さようなら。

V・キッツ／M・トゥッシュ　畔上司 訳　●定価1680円／ISBN978-4-484-12115-4

### ヒトはなぜ先延ばしをしてしまうのか
「ぐうたら癖」はDNAに書き込まれていた!? 先延ばし研究の第一人者が人類永遠の課題をユーモアたっぷりに解明。先延ばしするかしないかを決める「心の方程式」も初公開！
ピアーズ・スティール　池村千秋 訳　●定価1890円／ISBN978-4-484-12111-6

### 商機を見いだす「鬼」になれ 中国最強の商人・温州人のビジネス哲学
現代中国の発展を牽引する「東洋のユダヤ人」のすごい経営術とは？ 中国でもっとも卓越したビジネスセンスをもつ彼らの「逆境を勝ち抜く9つの法則」を日本初公開。
郭海東／張文彦　原口昭一他 訳　●定価1785円／ISBN978-4-484-12215-1

### 原色ニッポン《南の島》大図鑑 小笠原から波照間まで114の“楽園”へ
南西諸島+小笠原の島々を、大小・有人無人を問わず完全網羅した史上最強の南の島図鑑。日本最南端の「沖ノ鳥島」はもちろん、話題の「尖閣諸島」も貴重な写真つきで紹介。
加藤庸二　●定価2310円／ISBN978-4-484-12217-5

## 好評既刊！

大ベストセラー『20歳のときに知っておきたかったこと』著者待望の第2弾！

### 未来を発明するためにいまできること
スタンフォード大学 集中講義Ⅱ　発売忽ち大増刷！
思い込みを解き放て！ さあ、はじめよう。未来のあなたが輝いているために！
ティナ・シーリグ　高遠裕子訳／三ツ松新解説　●定価1470円／ISBN978-4-484-12110-9

### 20歳のときに知っておきたかったこと
スタンフォード大学 集中講義　絶賛！31万部突破！
いくつになっても人生は変えられる！この世界に自分の居場所をつくるために必要なこと。
ティナ・シーリグ　高遠裕子訳／三ツ松新解説　●定価1470円／ISBN978-4-484-10101-9

阪急コミュニケーションズ
〒153-8541 東京都目黒区目黒1-24-12　☎03(5436)5721
全国の書店でお買い求めください。定価は税込です。
■books.hankyu-com.co.jp
■twitter:hancom_books

ジョンソン・エンド・ジョンソンは、薬剤や医療用品、あるいは数多くの有名ブランド消費財を製造・販売している国際企業である。一八八六年に創業した同社は、初期にジョンソン・ベビーパウダー、後にジョンソン・ベビーオイルという有名ブランド商品を生み出し、消費者の心をつかんだ。そしてこれらの製品により多大な富を手に入れると、後に家庭の必需品となる製品を次々と開発し、市場に投入していった。バンドエイド、モトリンやタイレノール（解熱鎮痛剤）、ニュートロジーナ（スキンケア・美容製品）、アビーノ（スキンケア・ヘアケア製品）、リステリン、ベナドリル（抗ヒスタミン薬）などである。現在、同社の従業員は一一万七〇〇〇人を超え、また六〇以上の国に二五〇もの法人が存在する。

バフェットが注目したのは、同社が販売している有名ブランド商品である。リステリンやバンドエイド、モトリンやタイレノールは、今後も長きにわたり消費者に利用されていくことだろう。そのため、それらを製造する設備や機械は、部品が磨耗するまで使い切ることができる。つまり、自動車産業などと比較した場合、長期的に見るときわめて経済性に優れているということだ。自動車産業では、数年ごとに新たなモデルを開発しなければ競争に負けてしまうため、最新モデルの研究開発や設備の入れ替えに何億ドルも注ぎ込まなければならない。

## 国際企業が持つ税金面での利点

長期投資の対象として見た場合、ジョンソン・エンド・ジョンソンのような国際企業には国内企業より有利な面がある。それは、海外の事業で得た利益は、アメリカ本国に還流しないかぎり課税されないことである（ジョンソン・エンド・ジョンソンは、そうした利益をほとんど本国に還流していない）。しかし、損益計算書には海外事業の利益が記載されるため、その企業の市場価値はその利益分を考慮して判断されることになる。では、海外事業の利益に課税されなければどうなるのだろうか？　それは、本来ならば税金として支払われるはずの金が、海外資本として蓄積されていくということだ。つまり、企業はそれだけ多くの資金を利用して海外事業を成長させていくことができる。実際ジョンソン・エンド・ジョンソンの過去一〇年の実績を見ると、国内での売上の年平均成長率は五・五パーセントなのに対し、海外での売上の年平均成長率は一〇・五パーセントに達している（どちらも複利ベース）。同社が証券取引委員会に提出した二〇一一年度の年次報告書にも、こう記されている。

二〇一〇年一月三日現在の累積未処分海外利益は三二二億ドル、二〇一一年一月二日現在の同利益は三七〇億ドルとなる。この未処分海外利益は継続して再投資を行い、海外事業を拡大していく予定である。そのため、本国に還流する予定のない未処分利益分については、アメリカにおける税務上の損金は計上されない。

ジョンソン・エンド・ジョンソンの留保利益の総額は七七〇億ドルである。そのおよそ四八パーセントが、アメリカ税務当局の手の届かない海外に留保されている。つまりその分は、アメリカの税制による制限を受けることなく再投資できるということだ。

では、こうした税金の軽減が、企業価値を高めるのにどの程度役に立っているのだろうか？　具体的な数字を挙げて考えてみよう。ジョンソン・エンド・ジョンソンの総資産利益率は平均して一〇パーセントである。二〇一〇年末時点で海外に留保していた三七〇億ドルが、年率一〇パーセントの割合（複利ベース）で成長していけば、二〇二〇年には未処分海外利益が一〇〇〇億ドル近くにまで増える計算になる。しかし、海外事業の利益に対し連邦税や州税を支払わなければならないとすると、二〇二〇年の未処分海外利益はおよそ六五〇億ドルにしかならない。そう考えると、税金面でのこうした利点のおかげで、同社はおよそ三五〇億ドルもの利益を手にしていると言える。二〇一〇年の同社の純資産五六〇億ドルのおよそ六三パーセントに相当する額である。

この税金面での利点を考える際には、複利が絶大な効果を発揮することを考慮しなければならない。バフェットが興味を示すのは、長期的視点から見た成長性である。長期的に見れば、こうした税金面での利点が果たす役割はきわめて大きく、企業の収益を大幅に増加させる。すると、それに伴い企業の本質価値が高まり、やがては市場もそれを認識し、株価を押し上げていくことになる。

## EPSの推移

二〇〇一年から二〇一一年にかけて、ジョンソン・エンド・ジョンソンのＥＰＳは一五九パーセント増加した。

赤字に陥った年はなく、この一〇年間の年平均成長率は複利ベースで九・九九パーセントとなる。

二〇一一年の予想ＥＰＳ四・九五ドルに対

| 年 | EPS(ドル) |
|---|---|
| 2011 | 4.95 |
| 2010 | 4.76 |
| 2009 | 4.63 |
| 2008 | 4.57 |
| 2007 | 4.15 |
| 2006 | 3.76 |
| 2005 | 3.50 |
| 2004 | 3.10 |
| 2003 | 2.70 |
| 2002 | 2.23 |
| 2001 | 1.91 |

し、この年の株価は六五ドルである。つまり、同年に株式を購入したとすると、その年の税引後利益は一株あたり四・九五ドル、収益率は七・六パーセントになる。しかし、ＥＰＳがこれまでどおり年率およそ九・九九パーセントで増えていくと思われるため、今後この収益率も、それに伴い上昇していくと予想される。

## ＢＰＳ実績

二〇〇一年から二〇一一年までの間に、ジョンソン・エンド・ジョンソンのＢＰＳは一八九パーセント増加した。マイナスに陥った年はなく、年率一一・二三パーセントの割合（複利ベース）で成長した計算になる。

| 年 | BPS（ドル） |
|---|---|
| 2011 | 23.05 |
| 2010 | 20.66 |
| 2009 | 18.37 |
| 2008 | 15.35 |
| 2007 | 15.25 |
| 2006 | 13.59 |
| 2005 | 12.73 |
| 2004 | 10.71 |
| 2003 | 9.05 |
| 2002 | 7.65 |
| 2001 | 7.95 |

## バフェットの購入分析

ジョンソン・エンド・ジョンソンの二〇一一年の予想BPSは二三・〇五ドル、予想EPSは四・九五ドルである。つまり、同社の疑似債券は二〇一一年に二一・四パーセントの利益を生むことになる（四・九五ドル÷二三・〇五ドル＝二一・四パーセント）。しかし、同社の株式をBPSと同額で購入することはできない。二〇一一年の株価はおよそ六五ドルである。この価格で購入したとすると、同社の疑似債券の二〇一一年の税引後収益率は七・六パーセントになる（四・九五ドル÷六五ドル＝七・六パーセント）。しかしこの収益率は、同社の利益が増すにつれ上昇していく。その利益は、今後も年率九・九九パーセントの割合で増えていくものと予想される。

それでは、二〇一一年に一株あたり四・九五ドルだった利益が年率およそ九・九九パーセントで成長していくと、一〇年後にはいくらになるのだろうか？ http://www.investopedia.com/calculator/FVCal.aspx にある将来価値計算ソフトを利用すれば、簡単に計算できる。

期間ごとの利率（Interest Rate Per Time Period）を九・九九パーセント、現在価値（Present Value）を四・九五ドル、期間数（Number of Time Periods）を一〇として、

計算（Calculate）ボタンを押す。すると、一一・八三ドルという数字が得られる。二〇二一年の予想EPSが一一・八三ドルだということである。つまり、二〇一一年にジョンソン・エンド・ジョンソンの株式を一株六五ドルで購入しておけば、二〇二一年には、一株あたりの投資額六五ドルに対する税引後収益率は一九・七パーセントになる。

二〇二一年のEPSが予想できれば、その時点の株価も予想できる。しかしその計算は、二〇二一年に株式市場が同社の株式を、どの程度の株価収益率（PER）で評価しているかに左右される。ジョンソン・エンド・ジョンソンの場合、過去一〇年で最低のPERは、二〇一一年の一二倍だった。そこで二〇二一年のPERを一二倍とすると、同年の株価は一五三・九六ドルになる。

同社の株式を、二〇一一年に一株六五ドルで購入し、二〇二一年に一株一五三・九六ドルで売却したとすると、売却益は一株あたり八八・九六ドルとなる。また、投資収益率は一三六・八パーセント、この一〇年間の年平均収益率は複利ベースで九・〇一パーセントになる。

さらに、ジョンソン・エンド・ジョンソンは過去一〇年間、毎年配当を増額してきた。そこで同社が、二〇一一年の一株あたり予想配当二・二八ドルを二〇二一年まで維持できたとすると、投資家が受け取る金額は、売却価格一五三・九六ドルおよび一〇年分の配当二二・八〇ドルとなり、合計一七六・七六ドルとなる。つまり、投資収益率は一七一パーセント、この一〇年間の年平均収益率は一〇・五二パーセントに増える。

問題は、今後一〇年間のこの予想収益率に興味をかき立てられるかどうかだ。バフェットはそれに興味を覚えたからこそ、二九億三〇〇〇万ドル分ものジョンソン・エンド・ジョンソン株を保有しているのである。

# 第14章 クラフトフーズ

| | |
|---|---|
| **本社所在地** | Three Lakes Drive<br>Northfield, IL 60093 USA |
| **電話** | (847) 646-2000 |
| **ウェブサイト** | http://www.kraft.com |
| **業種** | 菓子類、食品、飲料 |

**基本データ**

| | |
|---|---|
| **種類** | 株式公開企業 |
| **設立** | 1903年 |
| **従業員数** | 126,000人 |
| **売上高** | 525億ドル(2011年予想) |
| **純利益** | 41億ドル(2011年予想) |
| **EPS** | 2.20ドル(2011年予想) |
| **過去10年のEPS年平均成長率** | 6.52% |
| **BPS** | 22.50ドル(2011年度末予想) |
| **過去10年のBPS年平均成長率** | 5.22% |
| **配当／利回り** | 1.16ドル／3.3%(2011年予想) |
| **バークシャーの購入年** | 2007年、2008年 |
| **バークシャーの1株平均取得コスト** | 32.91ドル |
| **証券取引所** | NYSE |
| **ティッカー** | KFT |

2011年現在、バークシャーはクラフトフーズの株式を9721万4514株保有している(発行済株式数の5.6パーセント)。同社の株価は現在35ドルであり、バークシャーの持ち株の価値はおよそ34億ドルとなる。これらの株式の総取得コストが32億ドルなので、バークシャーはこの投資で2億ドルの利益を上げていることになる。

クラフトフーズは、アメリカ最大の食品飲料会社であり、同業界では世界第二位の規模を誇る大企業である。クラフトのチーズはおろか、キャドバリーのキャンディ、マックスウェル・ハウスやヤコブスのコーヒー、ナビスコのクッキーやクラッカー、フィラデルフィア・クリームチーズ、オスカー・マイヤーの食肉加工品などはいずれも、クラフトフーズの製品である。同社は、一八〇以上の国で数多くのブランド商品を販売しており、そのうちの四〇ブランドは一〇〇年を超える歴史を持つ。

バフェットが求めているのは、まさにこうした商品だ。つまり、競争力を維持するために改良を施す必要がなく、安定した売上を示す商品である。今後どのような技術進歩があったとしても、ナビスコのオレオ・クッキーが廃れることはないだろう。一〇〇年後の子供たちも、その愛らしい顔に笑顔を浮かべながら、クッキーを割って、はさんであるチョコレートクリームをなめるに違いない。

バフェットは、古い歴史を持つ企業、および大きな成功を収めている企業を好む。クラフトフーズは、まさにこの条件を二つとも満たしている。同社は一九〇三年、ジェームズ・L・クラフトとその四人の兄弟により、チーズの卸売会社としてシカゴに設立されると、間もなく事業を軌道に乗せた。一九一二年に本社をニューヨーク市に移した後も発展を続け、一九一四年にはすでに三一種のチーズを全米で販売していた。

しかし、同社が資産を築き始めるのは一九一五年からである。同年、クラフトは低温殺菌チーズの製法を開発し、特許を取得した。そしてこの製法により缶詰チーズを製造すると、第一次世界大戦中のアメリカ軍におよそ二七〇万キログラムもの缶詰チーズを販売した。こうして一〇〇万人以上に及ぶアメリカ軍人が、クラフトチーズの味を知ることになった。

一九二〇年代になると、度重なる買収によりさらなる成長を遂げた。一九二七年にはサラダドレッシング会社のA・E・ライトを、一九二八年にはフェニックス・チーズ、サザン・デイリーズ、ヘナード・マヨネーズを、一九二九年にはそのほかのマヨネーズ会社三社を含む一五社を買収した。これにより一九三〇年には、アメリカのチーズ市場の四〇パーセントを占めるアメリカ第三の乳製品会社となった。ベルビータチーズが発売されたのは、一九二八年のことである。この製品は、簡単に溶けることからたちまち大ヒットとなり、このチーズやそれを使ったベルビータマカロニは家庭の人気食品となった。

やがて一九三〇年代に入ると、ナショナル・デイリーと合併し、アメリカ最大の乳製品会社へと発展した。第二次世界大戦中には、毎月九〇〇万キログラムのチーズをイギリスに送った。これにより、クラフト製品がヨーロッパ市場に参入する下地ができた。

一九四七年クラフトは、そのころ市場に現れ始めたテレビを利用し、「クラフトテレビ劇場」という番組を通じてチーズの宣伝を試みた。最初に宣伝の対象となったのは、これまで一切宣伝広告をしていない新製品のチーズだった。この製品は、テレビ以外の媒体では何の宣伝も行われなかったにもかかわらず、どの店でも品切れになるほどの売れ行きを示した。テレビによる宣伝はきわめて効果的だった。

一九五〇年代になると、チーズソースの「チーズ・ウィズ」やスライスチーズを市場に投入した。一九六〇年代には、スライスチーズを一枚ずつフィルムに包んだ「クラフト・シングルス」、ジャム、マシュマロ、バーベキューソースを発売している。一九六〇～七〇年代には世界市場への参入も積極的に行った。

さらに一九八〇年代前半には、電池のデュラセル、家庭用電化製品のウェスト・ベンド、プラスチック容器のタッパーウェアなどの製造元であるダート・インダストリーズを合併したほか、台所用品のキッチンエイド、ベーグルのレンダーズ・ベーグル、ハーブティーのセレッシャル・シーズニングズといったブランドを買収した。

しかし一九八〇年代後半には、飲食料品以外の事業を分離独立させている。デュラセルについては、一九八八年に非公開投資会社であるコールバーグ・クラヴィス＆ロバーツに売却した。

一九八八年末、クラフトフーズは、タバコ会社フィリップ・モリスに一二九億ドルで買収され、その傘下にあるゼネラルフーズと合併した。ゼネラルフーズは、食肉加工品のオスカー・マイヤー、コーヒーのマックスウェル・ハウス、ゼリーのジェロ、冷凍食品のバジェット・グルメ、焼き菓子のエンテンマンズ、粉末飲料のクールエイドやクリスタル・

ライトやタンなど、有名ブランドを多数扱っていた。フィリップ・モリスは一九九〇年にも、ヨーロッパにおいてコーヒーや菓子を製造販売しているヤコブス・スシャールを買収している。

さらにフィリップ・モリスは、二〇〇〇年に国際的な食料品大手ナビスコ・ホールディングスを一八九億ドルで買収し、同年にクラフトフーズと合併させた。

しかし二〇〇七年、アルトリア（フィリップ・モリスから社名変更）は、同社のタバコ事業のせいで、株式市場においてクラフトの食品事業の価値が引き下げられてしまっていると判断し、クラフト／ゼネラルフーズを分離独立させることにした。この分離独立は、二段階に分けて行われた。まず、クラフトの株式の一六パーセントを一般投資家に売却し、さらに残りの株式をアルトリアの株主に分配したのである。これにより二〇〇七年秋には、クラフトフーズの市場価値はおよそ六〇〇億ドルとなった。

二〇〇八年バークシャー・ハサウェイは、クラフトフーズの発行済株式の八パーセントに相当する株式をおよそ四〇億ドルで購入したと発表した。バフェットのビジネス上のパートナーであるチャーリー・マンガーもまた、個人名義で同社の株式を三億ドル分購入している。

二〇一〇年、クラフトフーズは、イギリスの製菓会社キャドバリーを一六二億ドルで買収した。これにより、世界最大の総合食品会社ネスレに次ぐ、世界第二の菓子メーカーとなった。

## EPS実績

クラフトフーズのEPS実績を見ると、二〇〇一年から二〇一一年の間に八八パーセント増加していることがわかる。この一〇年間に、年平均六・五二パーセントの割合（複利ベース）で成長した計算になる。この間には金融危機があったが、それでも人は食べずには生きていけないため、同社の収益は力強く安定した伸びを示している。

バフェットは、このような収益傾向を持つ企業を好む。

二〇一一年の予想EPS二・二〇ドルに対し、この年の株価は三五ドルである。つまり、同年に株式を購入したとすると、その年の税

| 年 | EPS（ドル） |
|---|---|
| 2011 | 2.20 |
| 2010 | 2.02 |
| 2009 | 2.03 |
| 2008 | 1.88 |
| 2007 | 1.82 |
| 2006 | 1.94 |
| 2005 | 1.88 |
| 2004 | 1.87 |
| 2003 | 2.00 |
| 2002 | 2.02 |
| 2001 | 1.17 |

引後利益は一株あたり二・二〇ドル、収益率は六・二八パーセントになる（二・二〇ドル÷三五ドル＝六・二八パーセント）。しかしこの収益率は、年率六・五二パーセントの割合で増えていくものと予想される。これは魅力的な収益率と言えるだろうか？　クラフトフーズが現在の成長率を今後も維持できれば、ＥＰＳやＢＰＳの増加を反映して株価も上昇していくに違いない。

## ＢＰＳ実績

クラフトフーズのＢＰＳは、二〇〇一年から二〇一一年の間に六六パーセント上昇した。この一〇年の年平均成長率は、複利ベースで五・二二パーセントになる。

| 年 | BPS（ドル） |
|---|---|
| 2011 | 22.50 |
| 2010 | 20.30 |
| 2009 | 17.57 |
| 2008 | 15.11 |
| 2007 | 17.80 |
| 2006 | 17.45 |
| 2005 | 17.72 |
| 2004 | 17.54 |
| 2003 | 16.57 |
| 2002 | 14.93 |
| 2001 | 13.53 |

## バフェットの購入分析

クラフトフーズの二〇一一年の予想ＢＰＳは二二・五〇ドル、予想ＥＰＳは二・二〇ドルである。つまり、同社の疑似債券は二〇一一年に九・七パーセントの利益を生むことになる。

しかし、同社の株式をＢＰＳと同額で購入することはできない。二〇一一年の株価はおよそ三五ドルである。この価格で購入したとすると、同社の疑似債券の二〇一一年の税引後収益率は六・二八パーセントになる。しかしこの収益率は、年率六・五二パーセントの割合で増えていくと予想される。

それでは、二〇一一年に一株あたり二・二〇ドルだった利益が年率およそ六・五二パーセントで成長していくとすれば、一〇年後にはいったいいくらになるのだろうか？ http://www.investopedia.com/calculator/FVCal.aspx にある将来価値計算ソフトで計算してみよう。

期間ごとの利率（Interest Rate Per Time Period）を六・五二パーセント、現在価値（Present Value）を二・二〇ドル、期間数（Number of Time Periods）を一〇として、計算（Calculate）ボタンを押す。すると、四・一四ドルという数字が得られる。二〇二一年の予想ＥＰＳが四・一四ドルだということである。つまり、二〇一一年にクラフトフーズの株式を一株三五ドルで購入しておけば、二〇二一年には、一株あたりの投資額三五ドルに対する税引後収益率は一一・八パーセントになる。

二〇二一年のＥＰＳが予想できれば、その時点の株価も予想できる。しかしその計算は、二〇二一年に株式市場が同社の株式を、どの程度の株価収益率（ＰＥＲ）で評価しているかに左右される。クラフトフーズの場合、過去一〇年で最低のＰＥＲは、二〇一一年の一二・八倍だった。そこで二〇二一年のＰＥＲを一二・八倍とすると、同年の株価は五二・九九ドルになる。同社の株式を、二〇一一年に一株三五ドルで購入し、二〇二一年に一株五二・九九ドルで売却したとすると、売却益は一株あたり一七・九九ドルとなる。また、投資収益率は五一パーセント、この一〇年間の年平均収益率は複利ベースで四・二三パーセントになる。

さらに、クラフトフーズは過去一〇年間、一貫して配当を増額してきた。そこで同社が、二〇一一年の一株あたり予想配当一・一六ドルを二〇二一年まで維持できたとすると、投資家が受け取る金額は、売却価格五二・九九ドルおよび一〇年分の配当一一・六〇ドルとなり、合計六四・五九ドルとなる。つまり、投資収益率は八四・五四パーセント、この一〇年間の年平均収益率は六・三二パーセントに増える。

問題は、今後一〇年間のこの予想収益率を見て、魅力的な投資先と思えるかどうかだ。

バフェットは魅力的な投資先と思ったからこそ、三二億ドル分ものクラフトフーズ株を購入したのである。

# 第15章 ムーディーズ・コーポレーション

| | |
|---|---|
| **本社所在地** | 7 World Trade Center<br>250 Greenwich Street<br>New York, NY 10007 USA |
| **電話** | (212)553-0300 |
| **ウェブサイト** | http://www.moodys.com |
| **業種** | 金融格付け |

**基本データ**

| | |
|---|---|
| **種類** | 株式公開企業 |
| **設立** | 1900年 |
| **従業員数** | 6,100人 |
| **売上高** | 23億ドル(2011年予想) |
| **純利益** | 5億6000万ドル(2011年予想) |
| **EPS** | 2.45ドル(2011年予想) |
| **過去10年のEPS年平均成長率** | 14.02% |
| **BPS** | -0.55ドル(2011年度末予想) |
| **過去10年のBPS年平均成長率** | 0% |
| **配当/利回り** | 0.52ドル/1.75%(2011年予想) |
| **バークシャーの購入年** | 2010年 |
| **バークシャーの1株平均取得コスト** | 20.79ドル |
| **証券取引所** | NYSE |
| **ティッカー** | MCO |

2011年現在、バークシャーはムーディーズの株式を2841万4000株保有している(発行済株式数のおよそ12パーセント)。同社の株価は現在32ドルであり、バークシャーの持ち株の価値は9億0900万ドルとなる。これらの株式の総取得コストが5億9000万ドルなので、バークシャーはこの投資で3億1900万ドルの利益を上げていることになる。

ムーディーズには二つの子会社がある。一つはムーディーズ・アナリティクスで、資本市場やリスク管理の専門家向けに、信用分析や経済調査を行うほか、財務リスク管理ソフトウェアや顧問サービスを提供している。売上高はおよそ六億ドルである。もう一つはムーディーズ・インベスター・サービスという信用格付け会社で、公社債の発行者について財務調査・分析を行っている。ムーディーズの売上の大半を生み出しているのは、債券発行者の信用度を評価しているこちらの会社である。現在ムーディーズは、世界の信用格付け市場のおよそ四〇パーセントを支配している。そのほかの著名な信用格付け会社には、スタンダード&プアーズやフィッチ・レーティングスがある。

ムーディーズは、一九〇〇年にジョン・ムーディーが設立した会社である。一九〇九年、さまざまな鉄道債のリスク評価を行った「鉄道会社の投資分析」と題する投資手引書を発行し、信用格付け事業に乗り出した。一九一四年には、地方債の評価へと業務を拡大し、一九二四年にはアメリカの債券市場のほぼすべての債券を網羅するまでに成長した。やがて一九七〇年代に入ると、コマーシャルペーパーや海外債券にも手を伸ばす一方、債券発行者から手数料の徴収を始めた。それまでは、情報を求める投資家から手数料を徴収するだけだった。

バフェットが投資している企業の中でも、ムーディーズは投下資本に対する利益率がもっとも高いのではないかと思われる。同社の営業利益率は常に四五~五五パーセントを維持しており（ちなみに、コカ・コーラの営業利益率は三一パーセント、ジョンソン・エンド・ジョンソンの営業利益率は三二パーセントである）、最悪の経済環境にあっても着実に多額の純利益を上げている。

ムーディーズについて腑に落ちない点を挙げるとすれば、年間五億ドル以上の純利益がありながら、BPSがマイナスを示していることだろう。どうしてこのようなことになるのか？　ムーディーズの場合、ほかの企業とは異なり、利益を上げるのに多くの資産を必要としない。基本的には、六一〇〇人分のオフィススペース、パソコン、設備があれば事足りる。こうした施設や設備の総額は五億三五〇〇万ドルである。つまり一年分の利益さえあれば、いつでも施設や設備をそっくり更新できる程度なのだ。そのため、総負債二七億ドルに対し総資産は二五億ドルと少なく、その結果、純資産がマイナス二億ドルとなっているのである。それでも同社の経営は、磐石な収益基盤から毎年生み出される余剰資金により支えられている。

では、同社が上げた利益はどこへ行ってしまうのか？　その一部は配当として分配されるが、大部分は主として自社株買いに充てられる。ムーディーズは、二〇〇一年から二〇一一年までの間に、およそ四四億ドルをかけて自社株七六〇〇万株を買い戻している。

## EPSの推移

ムーディーズのEPSは、二〇〇一年から二〇一一年の間に二七一パーセント増加した。赤字に陥った年はなく、年率一四・〇二パーセントの割合（複利ベース）で成長したことになる。

## バフェットの購入分析

ムーディーズの二〇一一年の予想EPS二・四五ドルに対し、この年の株価は三二ドルである。つまり、同年に株式を購入したとすると、その年の税引後利益は一株あたり二・四五ドル、収益率は七・六パーセントになる。しかし、EPSがこれまでどおり年率

| 年 | EPS（ドル） |
|---|---|
| 2011 | 2.45 |
| 2010 | 1.97 |
| 2009 | 1.69 |
| 2008 | 1.86 |
| 2007 | 2.50 |
| 2006 | 2.25 |
| 2005 | 1.82 |
| 2004 | 1.50 |
| 2003 | 1.17 |
| 2002 | 0.92 |
| 2001 | 0.66 |

一四・〇二パーセントの割合で増えていくと思われるため、今後この収益率も、それに伴い上昇していくと予想される。

それでは、二〇一一年に一株あたり二・四五ドルだった利益が年率およそ一四・〇二パーセントで成長していくと、一〇年後にはいくらになるのだろうか? http://www.investopedia.com/calculator/FVCal.aspx にある将来価値計算ソフトを使って計算してみよう。

期間ごとの利率(Interest Rate Per Time Period)を一四・〇二パーセント、現在価値(Present Value)を二・四五ドル、期間数(Number of Time Periods)を一〇として、計算(Calculate)ボタンを押す。すると、九・一〇ドルという数字が得られる。つまり、二〇二一年の予想EPSが九・一〇ドルだということである。

二〇二一年のEPSが予想できれば、その時点の株価も予想できる。しかしその計算は、二〇二一年に株式市場が同社の株式を、どの程度の株価収益率(PER)で評価しているかに左右される。ムーディーズの場合、過去一〇年で最低のPERは、二〇一一年の一二倍だった。そこで二〇二一年のPERを一二倍とすると、同年の株価は一〇九・二〇ドルになる(九・一〇ドル×一二倍=一〇九・二〇ドル)。ムーディーズの株式を、二〇一一年に一株三二ドルで購入し、二〇二一年に一株一〇九・二〇ドルで売却したとすると、売却益は一株あたり七七・二〇ドルとなる。また、投資収益率は二四一パーセント、この一〇年間の年平均収益率は一三・〇六パーセントになる。

さらに、ムーディーズは過去一〇年間、毎年配当を増額してきた。そこで同社が、二〇一一年の一株あたり予想配当〇・五二ドルを二〇二一年まで維持できたとすると、投資家が受け取る金額は、売却価格一〇九・二〇ドルおよび一〇年分の配当五・二〇ドルとなり、合計一一四・四〇ドルとなる。つまり、投資収益率は二五七パーセント、この一〇年間の年平均収益率は一三・五九パーセントに増える。

今後一〇年間のこの予想収益率をどう思うだろうか？　バフェットが九億〇九〇〇万ドルものバークシャーの資金をムーディーズ株に託しているのは、それだけの価値が十分にあると考えているからにほかならない。

# 第16章 プロクター&ギャンブル・カンパニー

| | |
|---|---|
| **本社所在地** | 1 Procter & Gamble Plaza<br>Cincinnati, OH 45202 USA |
| **電話** | (513) 983-1100 |
| **ウェブサイト** | http://www.pg.com |
| **業種** | 消費財 |

**基本データ**

| | |
|---|---|
| **種類** | 株式公開企業 |
| **設立** | 1837年 |
| **従業員数** | 129,000人 |
| **売上高** | 820億ドル(2011年予想) |
| **純利益** | 119億ドル(2011年予想) |
| **EPS** | 3.98ドル(2011年予想) |
| **過去10年のEPS年平均成長率** | 9.82% |
| **BPS** | 22.10ドル(2011年度末予想) |
| **過去10年のBPS年平均成長率** | 18.7% |
| **配当/利回り** | 2.10ドル/3.3%(2011年予想) |
| **バークシャーの購入年** | 2005年(同社がジレットを買収した際に) |
| **バークシャーの1株平均取得コスト** | 6.40ドル |
| **証券取引所** | NYSE |
| **ティッカー** | PG |

2011年現在、バークシャーはプロクター&ギャンブルの株式を7239万1036株保有している(発行済株式数のおよそ2.6パーセント)。同社の株価は現在61ドルであり、バークシャーの持ち株の価値はおよそ44億ドルとなる。これらの株式の総取得コストが4億6400万ドルなので、バークシャーはこの投資で39億ドルの利益を上げていることになる。

プロクター&ギャンブル（P&G）は、家庭の浴室や洗濯室にあるほとんどの商品を製造・販売している国際企業である。同社の製品ラインに含まれる有名ブランドを以下に列挙してみよう。

アリエール（洗濯洗剤）　　バウンティ（高級ペーパータオル）
ブラウン（小型電化製品）　　カバーガール（女性用化粧品）
クレスト／オーラルB（練り歯磨き、歯ブラシ）　　ドーン／フェアリー（食器用洗剤）
ダウニー（柔軟剤）　　デュラセル（世界七五カ国で販売されている電池）
フュージョン（ひげそり）　　ジレット（かみそり刃）
ヘッド&ショルダーズ（ふけ取りシャンプー）　　オーレイ（女性用スキンケア製品）
パンパース（紙おむつ）　　タイド（洗濯洗剤）

まずは、P&Gの全体像を概観することにしよう。同社は、世界中の浴室や洗濯室で毎日利用されている製品を提供している。いずれも、日常的に購入・消費されている製品だ。たとえば、全世界で毎年二五〇億個もの電池が消費されているが、P&Gの子会社であるデュラセルは世界有数の電池メーカーである。また、同じ子会社のジレットは、世界のかみそり市場の七〇パーセントを支配している。つまり、世界中で毎日一〇億人以上の人がジレット製品を使用しているということだ。しかもこうしたかみそりは、すぐに消耗してしまい、じきに買い換えなければならないが、消費者の高い支持を得ているために、常に新たな需要がある。さらに、洗濯洗剤ブランドであるタイドは、北アメリカ市場において四〇パーセントのシェアを確保している。その売上は二四億ドルに及び、それだけでも売上規模全米上位五〇〇社に入るほどである。このようにP&G製品は、その多くが何十年にもわたり好調な売れ行きを示している。世界各国に製造拠点を持つ（中国だけでも三一の製造工場がある）P&Gは、世界の消費財市場における最大手企業と言えるだろう。

## P&Gの歴史

P&Gは一八三七年、イギリスのろうそく製造業者ウィリアム・プロクターとアイルランドの石鹸製造業者ジェームズ・ギャンブルにより設立された。二人が知り合ったのは、それぞれが、シンシナティに暮らすノリス家の娘オリビアおよびエリザベスと結婚したからだ。この姉妹の父親であるアレクサンダー・ノリスは地元の実業家で、ろうそく事業や石鹸事業を有望視していた（結果的には石鹸事業のほうが儲かることになる）。そこで二人の義理の息子に設立資金を融通し、一緒に事業を始めるよう促したのである。

こうして一八五九年になるころには、同社はろうそくと石鹸の販売で大成功を収め、その売上は一〇〇万ドルに達した（当時はまだ電灯がなかったうえ、西部を開拓しに来る薄汚れた労働者が無数にいた）。一八六一年には、南北戦争を戦う北軍にろうそくと石鹸を優先的に提供する契約を結んでいる。

一八八〇年代に入ると、P&Gは革命的な新製品を市場に投入した。水に浮く石鹸である。それまでは、バスタブに浸かっている時に石鹸を落としてしまうと、石鹸がバスタブの底に沈んで見えなくなってしまい、手探りで探すよりほかなかった。ところが、この新製品は、落としても水面に浮かぶため、簡単に見つけることができる。P&Gはこの石鹸をアイボリーと名づけ、一個一〇セントで販売した。すると、たちまち大ヒット商品となった。一九二〇年代、同社はラジオ番組のスポンサーとなり、このアイボリーの宣伝に利用した。現在、昼にオンエアされる連続ドラマを「ソープ・オペラ」と呼ぶのは、これに由来する。開発から一三〇年経った今でも、アイボリーはきわめて人気の高いブランドであり、世界中で愛用されている。

一九三〇年代には、イギリス最大のろうそく・石鹸メーカーだったトーマス・ヘドリー・カンパニーを買収し、海外進出を始めた。また、そのころからろうそくや石鹸以外の新製品の開発もスタートした。一九四七年には洗濯洗剤タイドの販売が始まり、やがて世界的なトップブランドとなった。一九五七年には、歯磨き粉にフッ素を添加した新ブランド、クレストを市場に投入するとともに、チャーミン・ペーパー・ミルズを買収し、トイレットペーパーやキッチンペーパーの製造・販売を始めている。一九六一年には紙おむつのパンパースを発売し、使うたびに洗わなければならない面倒な布おむつに煩わされていた乳児の親に重宝された。

二〇〇五年、P&Gはかみそりメーカーのジレットを買収した。ジレットはそれ以前にデュラセルやブラウンを買収していたため、P&Gはこれらのブランドも傘下に収めることになり、その結果世界最大の消費財企業となった。

## 国際企業が持つ税金面での利点

P&Gもまた、ジョンソン・エンド・ジョンソン同様、国際企業ならではの税制上の恩恵を受けている。同社の報告によれば、二〇一一年の海外利益は三〇〇億ドルに上るが、それはすべてアメリカ税務当局の手の届かない海外に留保されている。つまり、同社のバランスシート上に記載された留保利益七〇〇億ドルのうち、およそ四二パーセントは海外に留保されており、アメリカの税制による制限を受けることなく再投資できるということだ。この大きな利点のおかげで、同社は長期にわたり株主価値を高めていくことができる(国際企業が持つ税金面での利点についての詳細は、ジョンソン・エンド・ジョンソンの章を参照してほしい)。

## EPSの推移

P&GのEPSは、二〇〇一年から二〇一一年にかけて一五五パーセント増加した。この間赤字に陥った年はなく、年率九・八二パーセントの割合(複利ベース)で成長した計算になる。

二〇一一年の予想EPS三・九八ドルに対し、この年の株価は六一ドルである。つまり、同年に株式を購入したとすると、その年の税引後利益は一株あたり三・九八ドル、収益率は六・五パーセントになる。しかしこの収益率は、年率およそ九・八二パーセントの割合で増えていくものと予想される。

| 年 | EPS(ドル) |
|---|---|
| 2011 | 3.98 |
| 2010 | 3.53 |
| 2009 | 3.58 |
| 2008 | 3.64 |
| 2007 | 3.04 |
| 2006 | 2.76 |
| 2005 | 2.53 |
| 2004 | 2.32 |
| 2003 | 2.04 |
| 2002 | 1.80 |
| 2001 | 1.56 |

## BPS実績

P&GのBPSは、二〇〇一年から二〇一一年の間に四五五パーセント増加した。この一〇年間の年平均成長率は複利ベースで一八・七パーセントである。

## バフェットの購入分析

P&Gの二〇一一年の予想BPSは二二・一〇ドル、予想EPSは三・九八ドルである。つまりバフェット流に考えれば、同社の疑似債券は二〇一一年に一八パーセントの利益を生むことになる（三・九八ドル÷二二・一〇ドル＝一八パーセント）。

しかし、同社の株式をBPSと同額で購入

| 年 | BPS（ドル） |
|---|---|
| 2011 | 22.10 |
| 2010 | 21.20 |
| 2009 | 21.18 |
| 2008 | 22.46 |
| 2007 | 20.87 |
| 2006 | 19.33 |
| 2005 | 6.47 |
| 2004 | 6.19 |
| 2003 | 5.63 |
| 2002 | 4.64 |
| 2001 | 3.98 |

することはできない。二〇一一年の株価はおよそ六一ドルである。この価格で購入したとすると、同社の疑似債券の二〇一一年の税引後収益率は六・五パーセントになる（三・九八ドル÷六一ドル＝六・五パーセント）。しかしこの収益率は、同社の利益が増すにつれ上昇していく。その利益は、今後も年率九・八二パーセントの割合で増えていくものと予想される。

それでは、二〇一一年に一株あたり三・九八ドルだった利益が年率およそ九・八二パーセントで成長していくと、一〇年後にはいくらになるのだろうか？ http://www.investopedia.com/calculator/FVCal.aspx にある将来価値計算ソフトを使って計算してみよう。

期間ごとの利率（Interest Rate Per Time Period）を九・八二パーセント、現在価値（Present Value）を三・九八ドル、期間数（Number of Time Periods）を一〇として、計算（Calculate）ボタンを押す。すると、一〇・一六ドルという数字が得られる。つまり、二〇二一年の予想EPSが一〇・一六ドルだということである。

二〇二一年のEPSが予想できれば、その時点の株価も予想できる。しかしその計算は、二〇二一年に株式市場が同社の株式を、どの程度の株価収益率（PER）で評価しているかに左右される。P&Gの場合、過去一〇年で最低のPERは、二〇一一年の一六・四倍だった。そこで二〇二一年のPERを一六・四倍とすると、同年の株価は一六六・六二ドルになる。P&Gの株式を、二〇一一年に一株六一ドルで購入し、二〇二一年に一株一六六・六二ドルで売却したとすると、売却益は一株あたり一〇五・六二ドルとなる。また、投資収益率は一七三パーセント、この一〇年間の年平均収益率は一〇・五七パーセントとなる。

さらに、P&Gは過去一〇年間、毎年配当を増額してきた。そこで同社が、二〇一一年の一株あたり予想配当二・一〇ドルを二〇二一年まで維持できたとすると、投資家が受け取る金額は、売却価格一六六・六二ドルおよび一〇年分の配当二一・〇〇ドルとなり、合計一八七・六二ドルとなる。つまり、投資収益率は二〇七パーセント、この一〇年間の年平均収益率は一一・八九パーセントに増える。

読者は、今後一〇年間のこの予想収益率を見てどう思うだろうか？　バフェットは、P&G株を四四億ドル分も保有している。それを考えれば、バフェットがこの予想収益率をどう考えているかは、だいたい推測がつくだろう。

# 第17章 サノフィ

**所在地**

**フランス本社**　174 Avenue de France
Paris 75013
France

**アメリカ支社**　55 Corporate Drive
Bridgewater, NJ 08807 USA

**電話（アメリカ支社）**　(908) 981-5560

**ウェブサイト**　http://www.sanofi.com

**業種**　薬剤／ヘルスケア製品

**基本データ**

**種類** …… 株式公開企業
**設立** …… 1973年
**従業員数** …… 113,719人
**売上高** …… 457億ドル（2011年予想）
**純利益** …… 76億ドル（2011年予想）
**EPS** …… 2.90ドル（2011年予想、1ADRあたり）
**過去7年のEPS年平均成長率** …… 12.52%
**BPS** …… 27.85ドル（2011年度末予想、1ADRあたり）
**過去7年のBPS年平均成長率** …… 4.17%
**配当／利回り** …… 1.79ドル／5.36%（2011年予想、1ADRあたり）
**バークシャーの購入年** …… 2007年、2008年、2009年
**バークシャーの1株平均取得コスト** …… 39.50ドル（1ADRあたり、普通株換算では79ドル）

サノフィ株は、アメリカではADRとして取引されており、2ADRでサノフィ普通株1株に相当する。NYSEで取引されており、ティッカーはSNY。
サノフィの普通株は、パリ証券取引所においてユーロで取引されている。こちらのティッカーはSAN.PA。

2011年現在、バークシャーはサノフィの株式を2584万8838株保有している。その総取得コストは20億4200万ドルである。同社のADRの株価は現在35ドルなので、普通株1株あたりの株価は70ドル、バークシャーの持ち株の価値はおよそ18億0900万ドルとなる。つまり、バークシャーはこの投資で2億3300万ドルの損失を被っていることになる。

サノフィは、処方薬の売上において、ファイザー、グラクソ・スミスクラインに次ぐ世界第三位の製薬企業である。一九七三年の創業以来、ほかの製薬企業との合併を繰り返すことで飛躍的な成長を示している。合併した企業には、アメリカに本拠を置くグローバル製薬企業スターリング・ウィンスロップ（現在のスターリング・ドラッグ）、世界有数の化粧品・美容品会社ロレアルの製薬子会社サンテラボなどがある。

二〇〇四年、ワクチン製造大手のアベンティスを買収したことにより、サノフィの子会社であるサノフィ・パスツールは、ワクチン開発・販売を専門とする企業としては世界最大となった。さらに二〇一一年には、世界第三位の規模を誇るバイオテクノロジー企業ジェンザイムを買収している。

## サノフィ・パスツール

グラクソ・スミスクラインの章でも述べたように、ワクチン事業ほど旨味のある事業はない。製品の需要は常にあり、人口が増えれば需要は高まっていく。しかも利益率がきわめて高い。サノフィ・パスツールは二〇一〇年、一六億回分以上のワクチンを製造し、世界各国の五億人以上の人に提供した。同社はまた、ワクチン製造企業大手四社の中でもっとも製品構成の幅が広く、二〇以上の感染症に対応している。二〇一一年には五五億ドル以上の売上を達成しており、同社は今後も長きにわたり、サノフィに安定した利益をもたらしてくれるに違いない。

（以下の記述では、アメリカの読者にわかりやすいように、サノフィのＡＤＲを基準にした数値を採用している。ＥＰＳは一ＡＤＲあたり利益、ＢＰＳは一ＡＤＲあたり純資産である。一ＡＤＲは、パリ証券取引所で取引されているサノフィ普通株〇・五株分に相当する。）

## EPSの推移

二〇〇四年にアベンティスと合併して以来、サノフィのＥＰＳは一二八パーセント増加した。赤字に陥った年はなく、この七年間に年率一二・五二パーセントの割合（複利ベー

| 年 | EPS（1ADRあたり利益、ドル） |
|---|---|
| 2011 | 2.90 |
| 2010 | 2.76 |
| 2009 | 3.02 |
| 2008 | 2.37 |
| 2007 | 2.38 |
| 2006 | 1.95 |
| 2005 | 1.65 |
| 2004 | 1.27 |

ス）で成長した計算になる。
二〇一一年の予想EPS二・九〇ドルに対し、この年のADRの株価は三五ドルである。つまり、同年に株式を購入したとすると、その年の税引後利益は一ADRあたり二・九〇ドル、収益率は八・二パーセントになる。しかし、この収益率は、年率およそ一二・五二パーセントの割合で増えていくものと予想される。

## BPS実績

サノフィのBPSは、二〇〇四年から二〇一一年の間に三三・一パーセント増加した。マイナスになった年はなく、この七年間の年平均成長率は複利ベースで四・一七パーセントである。

| 年 | BPS（1ADRあたり純資産、ドル） |
|---|---|
| 2011 | 27.85 |
| 2010 | 26.73 |
| 2009 | 26.32 |
| 2008 | 23.87 |
| 2007 | 24.48 |
| 2006 | 22.34 |
| 2005 | 20.38 |
| 2004 | 20.92 |

## バフェットの購入分析

サノフィの二〇一一年の予想BPSは二七・八五ドル、予想EPSは二・九〇ドルである。つまり、同社の疑似債券は二〇一一年に一〇・四パーセントの利益を生むことになる。しかし、同社のADRをBPSと同額で購入することはできない。二〇一一年のADRの株価はおよそ三五ドルである。この価格で購入したとすると、同社の疑似債券の二〇一一年の税引後収益率は八・二パーセントになる（二・九〇ドル÷三五ドル＝八・二パーセント）。しかしこの収益率は、同社の利益が増すにつれ上昇していく。その利益は、今後も年率一二・五二パーセントの割合で増えていくものと予想される。

それでは、二〇一一年に一株あたり二・九〇ドルだった利益が年率およそ一二・五二パーセントで成長していくと、一〇年後にはいくらになるのだろうか？ http://www.investopedia.com/calculator/FVCal.aspx にある将来価値計算ソフトを使って計算してみよう。

期間ごとの利率（Interest Rate Per Time Period）を一二・五二パーセント、現在価値（Present Value）を二・九〇ドル、期間数（Number of Time Periods）を一〇として、計算（Calculate）ボタンを押す。すると、九・四三ドルという数字が得られる。つまり、二〇二一年の予想EPSが九・四三ドルだということである。

二〇二一年のEPSが予想できれば、その時点の株価も予想できる。しかしその計算は、二〇二一年に株式市場が同社の株式を、どの程度の株価収益率（PER）で評価しているかに左右される。サノフィの場合、過去七年で最低のPERは、二〇一一年の一一倍だった。そこで二〇二一年のPERを一一倍とすると、同年の株価は一〇三・七三ドルになる（九・四三ドル×一一倍＝一〇三・七三ドル）。サノフィのADRを、二〇一一年に三五ドルで購入し、二〇二一年に一〇三・七三ドルで売却したとすると、売却益は一ADRあたり六八・七三ドルとなる。また、投資収益率は一九六パーセント、この一〇年間の年平均収益率は複利ベースで一一・四八パーセントになる。

さらに、サノフィは過去七年間、毎年配当を増額してきた。そこで同社が、二〇一一年の一ADRあたり予想配当一・七九ドルを二〇二一年まで維持できたとすると、投資家が受け取る金額は、売却価格一〇三・七三ドルおよび一〇年分の配当一七・九〇ドルとなり、合計一二一・六三ドルとなる。つまり、投資収益率は二四七パーセント、この一〇年間の年平均収益率は複利ベースで一三・二七パーセントに増える。

今後一〇年間のこの予想収益率は魅力的な数字だろうか？　まだ利益を上げていないとはいえ、バフェットがサノフィに二〇億四二〇〇万ドルも投資したのは、この数字が魅力的だと考えたからにほかならない。

# 第18章 トーチマーク・コーポレーション

| | |
|---|---|
| **本社所在地** | 3700 South Stonebridge Drive<br>McKinney, TX 75070-USA |
| **電話** | (972)569-4000 |
| **ウェブサイト** | http://www.torchmarkcorp.com |
| **業種** | 生命保険・損害保険 |

**基本データ**

| | |
|---|---|
| **種類** | 株式公開企業 |
| **設立** | 1900年 |
| **従業員数** | 3,187人 |
| **保険金収入** | 26億5000万ドル(2011年予想) |
| **投資収入** | 6億9800万ドル(2011年予想) |
| **純利益** | 5億2500万ドル(2011年予想) |
| **EPS** | 4.65ドル(2011年予想) |
| **過去10年のEPS年平均成長率** | 8.43% |
| **BPS** | 38.10ドル(2011年度末予想) |
| **過去10年のBPS年平均成長率** | 10.89% |
| **配当/利回り** | 0.49ドル/1.36%(2011年予想) |
| **バークシャーの購入年** | 2000年、2006年 |
| **バークシャーの1株平均取得コスト** | 20.50ドル |
| **証券取引所** | NYSE |
| **ティッカー** | TMK |

2011年現在バークシャーは、トーチマークの普通株を282万株所有している。総取得コストは5780万ドルである。同社の株価は現在36ドルなので、バークシャーの持ち株の価値はおよそ1億0150万ドルとなり、4370万ドルの利益を上げていることになる。

トーチマークの中核的な子会社と言えば、リバティ・ナショナル・ライフ・インシュアランス・カンパニーだろう。この会社は一九〇〇年、会員に便益を供与する友愛団体としてアラバマ州バーミンガムに設立された。一九三〇年代には株式会社となり、一〇〇年を経る間に、四九の州で一三〇の支店、三〇〇〇の代理店を運営する企業へと成長した。保有契約高は四三〇億ドル以上、保有契約数は四一〇万件に達している。

一九八〇年、リバティ・ナショナルはグローバル・ライフ&アクシデント・インシュアランス・カンパニーを買収し、持株会社トーチマーク・コーポレーションを創設した。トーチマークは、一九八一年にはユナイテッド・インベスターズ・ライフ・インシュアランス・カンパニーとユナイテッド・アメリカン・インシュアランス・カンパニーを、一九九二年にはアメリカン・インカム・ライフ・インシュアランス・カンパニーを買収した。ただしユナイテッド・インベスターズ・ライフ・インシュアランス・カンパニーは、二〇一〇年に売却している。

現在トーチマークは、総計一五〇〇億ドルの保有契約高、一七〇億ドルの資産、四〇億ドルの株主資本を有している。資産の大半は高格付け債券であり、二〇一一年のフリーキャッシュフローはおよそ八億五〇〇〇万ドルに及ぶ。つまり同社には、他企業を買収したり、高額の配当を支払ったり、自社株買いを行ったりする資金が豊富にあるということだ。

トーチマークは、自社株買いを積極的に行っているバフェット好みの企業である。二〇〇〇年から二〇一一年までの間に、同社の発行済株式数は四四パーセントも減少した。これにより、実際の純利益は同期間に三八パーセントしか増えていないにもかかわらず、EPSは一八八パーセントも上昇した。EPSは税引後利益を発行済株式数で割った値なので、発行済株式数が減少すれば、EPSは増えるのである。これこそ、収益力がきわめて高い保険会社が持つ利点の一つと言える。こうした企業は利益を自社株買いに回せるため、わずか一〇年の間にEPSの値を大幅に上げることができる。GEICOも、バークシャーに買収される前、EPSを上げるために同じ手法を利用していた。

## EPS実績

トーチマークのEPS実績は、長期にわたり力強い上昇傾向を示している。一九九五年に一・二七ドルだったEPSは、二〇一一年には四・六五ドルまで増えている。二〇〇一年から二〇一一年の一〇年間だけを取り上げても、同社のEPSは一二四パーセント増加しており、年率八・四三パーセントの割合（複利ベース）で成長した計算になる。二〇一一年の予想EPS四・六五ドルに対し、この年の株価は三六ドルなので、同年に株式を購入すると、税引後収益率は一二・九パーセントになる。しかしこの収益率は、今後一〇年間も年率八・四三パーセントの割合で増えていくものと予想される。

## BPS実績

二〇〇一年から二〇一一年の間に、トーチマークのBPSは一八一パーセント増加した。この一〇年間の年平均成長率は複利ベースで一〇・八九パーセントである（次ページの表参照）。

## バフェットの購入分析

トーチマークの二〇一一年の予想BPSは三八・一〇ドル、予想EPSは四・六五ドルである。つまり、同社の疑似債券は二〇一一年に一二・二パーセントの利益を生むことになる。だが二〇一一年には、同社の株式をBPS以下の価格で購入することができる。と

| 年 | EPS（ドル） |
|---|---|
| 2011 | 4.65 |
| 2010 | 4.27 |
| 2009 | 3.98 |
| 2008 | 3.86 |
| 2007 | 3.63 |
| 2006 | 3.33 |
| 2005 | 3.06 |
| 2004 | 2.82 |
| 2003 | 2.57 |
| 2002 | 2.34 |
| 2001 | 2.07 |

いうことは、実際の収益率はもっと高いということだ。二〇一一年の株価はおよそ三六ドルなので、同社の疑似債券の二〇一一年の税引後収益率は一二・九パーセントということになる（四・六五ドル÷三六ドル＝一二・九パーセント）。しかしこの収益率は、同社の利益が増すにつれ上昇していく。その利益は、今後も年率八・四三パーセントの割合で増えていくものと予想される。

それでは、二〇一一年に一株あたり四・六五ドルだった利益が年率およそ八・四三パーセントで成長していくとしたら、一〇年後にはいくらになるのだろうか？ http://www.investopedia.com/calculator/FVCal.aspx にある将来価値計算ソフトを使って計算してみよう。

期間ごとの利率（Interest Rate Per Time

| 年 | BPS（ドル） |
|---|---|
| 2011 | 38.10 |
| 2010 | 33.79 |
| 2009 | 27.35 |
| 2008 | 17.49 |
| 2007 | 24.05 |
| 2006 | 23.50 |
| 2005 | 22.10 |
| 2004 | 21.12 |
| 2003 | 19.16 |
| 2002 | 16.07 |
| 2001 | 13.55 |

Period）を八・四三パーセント、現在価値（Present Value）を四・六五ドル、期間数（Number of Time Periods）を一〇として、計算（Calculate）ボタンを押す。すると、一〇・四五ドルという数字が得られる。つまり、二〇二一年の予想EPSは一〇・四五ドルだということである。

二〇二一年のEPSが予想できれば、その時点の株価も予想できる。しかしその計算は、二〇二一年に株式市場が同社の株式を、どの程度の株価収益率（PER）で評価しているかに左右される。ここでは、過去一〇年で記録した最低のPERに近い、二〇一一年の八倍という数字を採用することにしよう。二〇二一年のPERを八倍と仮定すると、同年の株価はおよそ八三・六〇ドルになる（一〇・四五ドル×八倍＝八三・六〇ドル）。トーチマークの株式を、二〇一一年に三六ドルで購入し、二〇二一年に八三・六〇ドルで売却したとすると、売却益は一株あたり四七・六〇ドルとなる。また、投資収益率は一三二パーセント、この一〇年間の年平均収益率は八・七九パーセントになる。

さらに、トーチマークは過去一〇年間、毎年一貫して配当を増額してきた。そこで同社が、二〇一一年の一株あたり予想配当〇・四九ドルを二〇二一年まで維持できたとすると、投資家が受け取る金額は、売却価格八三・六〇ドルおよび一〇年分の配当四・九〇ドルとなり、合計八八・五〇ドルとなる。つまり配当分を加えることにより、投資収益率は一四五パーセント、この一〇年間の年平均収益率は九・四一パーセントに増える。

この年平均収益率の計算には、http://www.moneychimp.com/calculator/discount_rate_calculator.htmを利用するといい。現在価値（Present Value）を三六ドル、将来価値（Future Value）を八八・五〇ドル、年数（Years）を一〇として、計算（Calculate）ボタンを押す。その結果得られる数字が、複利ベースの年平均成長率（収益率）である。この場合は、九・四一パーセントとなる。

問題は、今後一〇年間のこの予想収益率を見て食指が動くかどうかだ。バフェットはこの数字を魅力的だと考えたからこそ、一億〇一五〇万ドル分ものトーチマーク株を保有しているのである。

# 第19章 ユニオン・パシフィック・コーポレーション

**本社所在地**　1416 Dodge Street
Omaha, NE 68179 USA
**電話**　(402) 271-5777
**ウェブサイト**　http://www.up.com

**業種**　鉄道

**基本データ**

| | |
|---|---|
| **種類** | 株式公開企業 |
| **設立** | 1862年 |
| **従業員数** | 44,861人 |
| **売上高** | 187億ドル（2011年予想） |
| **純利益** | 32億ドル（2011年予想） |
| **EPS** | 6.50ドル（2011年予想） |
| **過去10年のEPS年平均成長率** | 13.1% |
| **BPS** | 40.95ドル（2011年度末予想） |
| **過去10年のBPS年平均成長率** | 7.91% |
| **配当／利回り** | 1.90ドル／1.81%（2011年予想） |
| **バークシャーの購入年** | 2007年 |
| **バークシャーの1株平均取得コスト** | 50ドル |
| **証券取引所** | NYSE |
| **ティッカー** | UNP |

2007年5月バークシャーは、ユニオン・パシフィックの株式を1050万株購入したと発表した（発行済株式数のおよそ4パーセント）。1株あたりの取得コストはおよそ50ドル、総取得コストは5億2500万ドルだった。しかしバークシャーは2009年、バーリントン・ノーザン・サンタフェ鉄道を買収する際、反トラスト法に抵触することのないように、ユニオン・パシフィックの持ち株を売却してしまった。2011年現在、ユニオン・パシフィック株は1株100ドルで取引されている。バークシャーがこの株式を売却せずそのまま保有していたら、持ち株の価値はおよそ10億5000万ドルとなり、バフェットはわずか4年ほどの間に100パーセントの利益を上げていたことになる。

かつてバフェットは、二つの鉄道会社の少数株主持分を保有していた。バーリントン・ノーザン・サンタフェ鉄道とユニオン・パシフィック・コーポレーションである。しかしバークシャーは、バーリントンを買収する際に、ユニオン・パシフィックの持分を売却してしまった。ユニオン・パシフィック株を売り払った理由は何だったのか？　バフェットによれば、バーリントン買収を政府に認めてもらうため、反トラスト法に抵触しないよう対策を講じておいたということらしい。政府からバーリントン買収を差し止められそうないかなる理由も排除しておきたかったのだ。

もはや投資家は、バークシャー・ハサウェイの株式でも購入しなければ、バーリントンに投資することはできない。しかし、バフェット第二のお気に入りの鉄道会社ユニオン・パシフィックには、まだ投資することができる。

## 永続的な競争優位性

一八〇〇年代初頭、アメリカの鉄道会社は、同地における人や物の輸送サービスをいわば独占していた。本来の意味での独占とは、競争相手がいない状態を指す。一方、経済における独占とは、競争相手はいるものの、ある一社が低コストで物やサービスを提供するため、事実上競争相手がいなくなってしまうことである。鉄道の場合、いつの時代にも競争相手はいた。鉄道は当初、川の蒸気船、陸の荷馬車と競争関係にあった。しかし鉄道には、それらにはない経済的利点があった。長距離にわたり、ほかの競争相手よりも速く安価に、人や物を運ぶことができたのだ。

この経済的利点により鉄道会社の経営者は莫大な財産を蓄えるとともに、合併してさらに独占の規模を広げ、地域独占を築いていった。この時期を代表する独占的な鉄道会社と言えば、ノースウエスト・セキュリティーズ・コーポレーションだろう。これは、E・H・ハリマン、ジェームズ・J・ヒル、J・P・モルガン、J・D・ロックフェラーが所有する鉄道会社の合併により設立されたトラストである。これら鉄道業界の大物はこう考えたのだ。自分たちが力を合わせ、資金を出し合えば、競争を排除し、価格を自由に設定することが可能になる。こうして鉄道料金をつり上げれば、巨額の利益を手にできる、と。

実際、鉄道業界の巨人たちは、こうして莫大な利益を手中に収めたが、価格の高騰に苦しむアメリカの一般大衆は、やがて自分たちが利用されているのではないかと感じるようになった。しかし、その不満は間もなく解消された。一九〇四年、セオドア・ルーズベルト大統領が立ち上がり、鉄道業界の独占状態を阻止するため、ノースウエストを一二の鉄道会社に分割したのだ。これら個々の鉄道会社の事業主に逆戻りした鉄道王たちは、再び互いに競争を強いられることになった。

こうして二〇世紀初頭には、数多くの鉄道会社がしのぎを削るようになった。各社は、線路やエンジンなどのために高額の資本コストがかかる中、価格競争により次第に利幅を減らしていった。また、そのころから鉄道会社で労働組合が結成されるようになった。つまりバフェット流の観点からすれば、鉄道会社は長期投資にふさわしい企業ではなくなったのである。

競争の激しい業界ではよくあることだが、そんな鉄道業界にさらに追い討ちをかける事態が発生した。人や物を長距離輸送する便利な手段として、飛行機やトラックが登場したのだ。鉄道会社はたちまちのうちに、これら新たな競争相手と生き残りをかけて戦わざるを得ない状況に追い込まれた。

新たな競争相手の参入により、鉄道会社の収益は大幅に悪化し、破産の瀬戸際に追い込まれる鉄道会社が続出した。しかしこれは、市民や企業にとっては脅威だった。原材料の大量輸送には、どうしても鉄道が必要だったからだ。そこで一九五八年、アメリカ政府は鉄道会社を救済すべく運輸法を制定した。これまでの反トラスト法を修正し、鉄道会社の合併・地域独占を再び許可したのである。一九七〇年には最高裁判決により、グレート・ノーザン、ノーザン・パシフィック、バーリントン、スポケーン、ポートランド、シアトルの各鉄道会社が合併し、バーリントン・ノーザン鉄道を設立することが認められた。一九九六年には、バーリントン・ノーザン鉄道とアッチソン・トピカ&サンタフェ鉄道が合併を果たしている。

つまり、トラック輸送よりも経済力に欠ける鉄道事業を救うため、鉄道会社が合併し、地域独占を形成することを政府が認めたのである。こうして鉄道業界は、トラック輸送に対抗するために合併を繰り返し、地域独占を築いていった。

さらに、その後ディーゼル燃料の価格が高騰した。一九七〇年代初頭には一ガロン二五セントだったのに、現在では一ガロン四ドル以上になっている。そのため、トラック輸送よりも鉄道輸送のほうが経済的にはるかに有利になった。具体的な数字を挙げてみよう。たとえばユニオン・パシフィックの場合、ディーゼル燃料一ガロンにつき、一トンの貨物を一四〇〇キロメートル運ぶことができる。これは、同じ貨物をトラックで輸送した場合に比べ、五倍近くも効率的だ。長期的なコストを考えると、明らかに鉄道のほうが優位な立場にある。しかも鉄道は、今や独占価格を設定することができる。きわめて有利なビジネスと言えるだろう。

これがアメリカ鉄道業界の歴史である。ところでバフェットは、永続的な消費者独占力を持つ企業かどうかを判断する目安として、いくつかの基準を設定している。それをユニオン・パシフィックに当てはめて考えてみよう。

**その企業が現在提供している製品やサービスは、一〇年後にも提供されているか？**

――ユニオン・パシフィックの場合、おそらく一〇〇年後にも同じ製品、同じサービスを提供していることだろう。

**自分はその製品やサービスの機能を十分に理解しているか？**　――自分が作った製品を鉄道車両に載せれば、ユニオン・パシフィックが届けてほしいところに届けてくれる。

**競争力を維持するために多額の研究開発費が必要か？**　――鉄道会社はほとんど研究開発を行わない。速度の速いエンジン、燃費のいいエンジンなど、あらゆる技術開発はほかの企業が行い、その成果をユニオン・パシフィックが購入する。プログラミング、データ処理、通信などの研究開発でさえ、すべて他社が行っている。

**その企業は市場を独占しているか？　あるいは、販売している製品やサービスを競合企業よりも低コストで提供できるシステムを備えているか？**　――ユニオン・パシフィックは間違いなく独占企業であり、販売しているサービスを低コストで提供している。

## 経営状態

では実際のところ、過去一〇年間のユニオン・パシフィックの業績はどうだったのだろう？　言葉を換えれば、同社の競争優位性はどの程度のものなのか？　その競争優位のおかげで、実際に利益を上げているのか？　以下で財務数字を検討してみることにしよう。

## 純利益率

バフェットの考える鉄道業界のシナリオによれば、新たに形成された独占企業は、規模の経済を拡大するにつれてその経済力を向上させ、トラック業界からますます多くの運輸業務を奪うことになるという。実際に、過去一〇年間のユニオン・パシフィックの純利益率が向上しているかどうか見てみよう。

下の表を見れば、二〇〇一年から二〇一一年にかけて、同社の純利益率は八・一パーセントから一七・一パーセントへ、一〇〇パーセント以上増加していることがわかる。ところで、この一七・一パーセントという純利益率は、どの程度の数字なのだろうか？　他社と比較してみよう。

| 年 | 純利益率（パーセント） |
|---|---|
| 2011 | 17.1 |
| 2010 | 16.4 |
| 2009 | 12.9 |
| 2008 | 13.0 |
| 2007 | 11.4 |
| 2006 | 10.3 |
| 2005 | 6.7 |
| 2004 | 6.2 |
| 2003 | 9.1 |
| 2002 | 9.0 |
| 2001 | 8.1 |

トラック輸送大手のワーナー・エンタープライズの純利益率は、ほぼ一貫して五パーセント前後である。世界的な大企業であるゼネラル・エレクトリックでも、業績のいい年でさえ一一パーセント程度でしかない。一方、永続的な競争優位性がきわめて高い企業の一つであるコカ・コーラの場合、二〇一〇年の純利益率は二四・一パーセントだった。ユニオン・パシフィックの純利益率は、間もなく二〇パーセント台に乗ろうとしている。これは、トラック業界の純利益率をはるかに上回り、コカ・コーラのような消費財企業と肩を並べるほどの数字である。消費財ならコカ・コーラ、運輸ならユニオン・パシフィックといったところだろう。

## BPSの増加率

BPSは大雑把な企業評価の指標として利用できるが、正確な判定ができない場合も多い。しかしそれでもバフェットは、企業の本質価値が増大しているかどうかを判断する目安として、BPSの増加率を参考にしている。

ユニオン・パシフィックの場合、二〇〇一年に一九・一三ドルだったBPSが、二〇一一年には四〇・九五ドルになると予想されている。この一〇年間に一〇〇パーセント以上増えた計算になる。

一方、ライバル企業であるワーナー・エンタープライズの同期間のBPS増加率は、三四パーセントだった。さらに念のために記しておくと、同期間のゼネラル・エレクトリックのBPS増加率は九九パーセント、コカ・コーラのBPS増加率は二一九パーセントである。

## EPS実績

では次に、ユニオン・パシフィックのEPS実績を見てみよう（次ページの表参照）。

同社のEPS実績は、一貫して力強い上昇傾向を示している。この一〇年間の成長率は二四三パーセント、年平均成長率は複利ベースで一三・一パーセントとなっている。

| 年 | BPS（ドル） |
|---|---|
| 2011 | 40.95 |
| 2010 | 36.14 |
| 2009 | 33.54 |
| 2008 | 30.70 |
| 2007 | 29.87 |
| 2006 | 27.74 |
| 2005 | 24.85 |
| 2004 | 22.95 |
| 2003 | 23.93 |
| 2002 | 20.99 |
| 2001 | 19.13 |

## 長期投資の観点から見た購入分析

ユニオン・パシフィックの二〇一一年の予想BPSは四〇・九五ドル、予想EPSは六・五〇ドルである。つまり、同社の疑似債券は二〇一一年に一五・八パーセントの利益を生むことになる。しかし、同社の株式をBPSと同額で購入することはできない。二〇一一年の株価はおよそ一〇〇ドルである。この価格で購入したとすると、同社の疑似債券の二〇一一年の税引後収益率は六・五パーセントになる（六・五〇ドル÷一〇〇ドル＝六・五パーセント）。しかしこの収益率は、同社の利益が増すにつれ上昇していく。その利益は、今後も年率一三・一パーセントの割合で増えていくものと予想される。

| 年 | EPS（ドル） |
|---|---|
| 2011 | 6.50 |
| 2010 | 5.53 |
| 2009 | 3.61 |
| 2008 | 4.45 |
| 2007 | 3.46 |
| 2006 | 2.96 |
| 2005 | 1.70 |
| 2004 | 1.45 |
| 2003 | 2.04 |
| 2002 | 2.15 |
| 2001 | 1.89 |

それでは、二〇一一年に一株あたり六・五〇ドルだった利益が年率およそ一三・一パーセントで成長していくと、一〇年後にはいくらになるのだろうか？　http://www.investopedia.com/calculator/FVCal.aspxにある将来価値計算ソフトを使えば、簡単に計算できる。

期間ごとの利率（Interest Rate Per Time Period）を一三・一パーセント、現在価値（Present Value）を六・五〇ドル、期間数（Number of Time Periods）を一〇として、計算（Calculate）ボタンを押す。すると、二二・二六ドルという数字が得られる。つまり、二〇二一年の予想ＥＰＳは二二・二六ドルだということである。

二〇二一年のＥＰＳが予想できれば、その時点の株価も予想できる。しかしその計算は、二〇二一年に株式市場が同社の株式を、どの程度の株価収益率（ＰＥＲ）で評価しているかに左右される。ユニオン・パシフィックの場合、過去一〇年で最低のＰＥＲは、二〇一一年の一三・八倍だった。そこで二〇二一年のＰＥＲを一三・八倍と仮定すると、同年の株価はおよそ三〇七・一八ドルになる（二二・二六ドル×一三・八倍＝三〇七・一八ドル）。ユニオン・パシフィックの株式を、二〇一一年に一〇〇ドルで購入し、二〇二一年に三〇七・一八ドルで売却したとすると、売却益は一株あたり二〇七・一八ドルとなる。また、投資収益率は二〇七パーセント、この一〇年間の年平均収益率は一一・八八パーセントとなる。

さらに、ユニオン・パシフィックは過去一〇年間、毎年一貫して配当を増額してきた。そこで同社が、二〇一一年の一株あたり予想配当一・九〇ドルを二〇二一年まで維持できたとすると、投資家が受け取る金額は、売却価格三〇七・一八ドルおよび一〇年分の配当一九ドルとなり、合計三二六・一八ドルとなる。つまり配当分を加えることによって、投資収益率は二二六パーセント、この一〇年間の年平均収益率は一二・五五パーセントに増える。

この年平均収益率の計算には、http://www.moneychimp.com/calculator/discount_rate_calculator.htmを利用するといい。現在価値（Present Value）を一〇〇ドル、将来価値（Future Value）を三二六・一八ドル、年数（Years）を一〇として、計算（Calculate）ボタンを押す。その結果得られる数字が、複利ベースの年平均成長率（収益率）である。この場合は、一二・五五パーセントとなる。

今後一〇年間のこの予想収益率を魅力的と考えるかどうかは、投資家次第である。

# 第20章 USバンコープ

**本社所在地** 800 Nicollet Mall
Minneapolis, MN 55402-4302 USA
**電話** (651) 466-3000
**ウェブサイト** http://www.usbank.com

**業種** 小売銀行業務／商業銀行業務

**基本データ**

| | |
|---|---|
| **種類** | 株式公開企業 |
| **設立** | 1850年 |
| **従業員数** | 60,584人 |
| **純利益** | 46億ドル（2011年予想） |
| **EPS** | 2.05ドル（2011年予想） |
| **過去10年のEPS年平均成長率** | 4.5% |
| **BPS** | 16.55ドル（2011年度末予想） |
| **過去10年のBPS年平均成長率** | 6.9% |
| **配当／利回り** | 0.50ドル／1.85%（2011年予想） |
| **バークシャーの購入年** | 2006年、2007年、2009年 |
| **バークシャーの1株平均取得コスト** | 30.75ドル |
| **証券取引所** | NYSE |
| **ティッカー** | USB |

2011年現在バークシャーは、USバンコープの株式を7806万0769株所有している（発行済株式数の4.1パーセント）。同社の株価は現在24ドルであり、バークシャーの持ち株の価値はおよそ18億7000万ドルとなる。1株あたりの取得コストが30.75ドル、総取得コストが24億ドルだったため、バークシャーは最近の株式市場の下落により5億3000万ドルの損失を被ったことになる。しかしバフェット流に考えれば、力強い経済力を持っている企業の株価が下落している時こそ、長期投資を行う絶好の機会である。

USバンコープは、総資産額が三一一〇億ドルを超える、アメリカ第五の規模を誇る商業銀行である。預金高では第六位だが、その額は二〇四〇億ドルに及ぶ。二五の州に三〇〇〇以上の支店、五三二〇台ものATMを有し、地域企業や消費者向けの銀行業務、資産管理サービス、全国的な卸売銀行サービスや信託サービス、国際支払いサービスを一六〇〇万以上の顧客に提供している。

しかし、USバンコープがもっとも得意としているのは、ほかの銀行を買収・合併して事業を成長させることだ。一八五〇年に資本金八五〇〇ドル、たった一人の窓口係で始めた同社は、買収・合併を繰り返すことで現在のような大企業に成長した。一九八八年以降だけを見ても、五〇以上の銀行を買収・合併している。その結果現在では、どの銀行よりも多くの州に、どの銀行よりも多くのフルサービス営業店を持つに至った。バフェットも、バークシャー・ハサウェイが保有する四三〇億ドル分の株券を、ネブラスカ州オマハの同社の貸金庫に保管している。

## バフェットはどこに興味を抱いたのか?

バフェットがUSバンコープに興味を抱いたのは、同社が利益を上げる方法を熟知しており、ビジネスとして妥当な買収を通じて事業を成長させる方法を知っているからだ。ビジネスとして妥当な買収とは、適切な価格で買収するという意味である。実際USバンコープは、過去一〇年にわたり、一貫して二〇パーセント前後の株主資本利益率、二パーセント前後の総資産利益率を生み出している。バフェットが投資している銀行関連会社の中でも最高の業績である。

同社のEPS実績を見ると、二〇〇九年に大幅に減少しているものの、二〇〇一年から二〇一一年の間に五五パーセントの増加を示している。この一〇年間に年率四・五パーセントの割合（複利ベース）で増加した計算になる。

二〇一一年の予想EPS二・〇五ドルに対し、この年の株価は二四ドルである。つまり、同年に株式を購入したとすると、その年の税引後利益は一株あたり二・〇五ドル、収益率

| 年 | EPS（ドル） |
|---|---|
| 2011 | 2.05 |
| 2010 | 1.73 |
| 2009 | 0.97 |
| 2008 | 1.61 |
| 2007 | 2.43 |
| 2006 | 2.61 |
| 2005 | 2.42 |
| 2004 | 2.18 |
| 2003 | 1.92 |
| 2002 | 1.84 |
| 2001 | 1.32 |

は八・五パーセントになる。しかしこの収益率は、年率四・五パーセントの割合で増えていくと予想される。

## BPS実績

USバンコープのBPSは、二〇〇一年から二〇一一年の間に九六パーセント増加した。マイナスに陥った年はなく、この一〇年間の年平均成長率は複利ベースで六・九パーセントとなる。

## バフェットの購入分析

USバンコープの二〇一一年の予想BPSは一六・五五ドル、予想EPSは二・〇五ドルである。つまり、同社の疑似債券は二〇一

| 年 | BPS(ドル) |
|---|---|
| 2011 | 16.55 |
| 2010 | 14.78 |
| 2009 | 13.15 |
| 2008 | 10.47 |
| 2007 | 11.60 |
| 2006 | 11.45 |
| 2005 | 11.01 |
| 2004 | 10.52 |
| 2003 | 10.01 |
| 2002 | 9.44 |
| 2001 | 8.43 |

一年に一二パーセントの利益を生むことになる（二・〇五ドル÷一六・五五ドル＝一二パーセント）。

しかし、同社の株式をＢＰＳと同額で購入することはできない。株式は株式市場の相場で購入しなければならないが、その価格は投資収益に大きな影響を及ぼす。二〇一一年の同社の株価はおよそ二四ドルである。この価格で購入したとすると、同社の疑似債券の二〇一一年の税引後収益率は八・五パーセントになる（二・〇五ドル÷二四ドル＝八・五パーセント）。しかしこの収益率は、同社の利益が増すにつれ上昇していく。その利益は、今後も年率四・五パーセントの割合で増えていくものと予想される。それでは、二〇一一年に一株あたり二・〇五ドルだった利益が年率およそ四・五パーセントで成長していくと、一〇年後にはいくらになるのだろうか？ http://www.investopedia.com/calculator/FVCal.aspx にある将来価値計算ソフトを使って計算してみよう。

期間ごとの利率（Interest Rate Per Time Period）を四・五パーセント、現在価値（Present Value）を二・〇五ドル、期間数（Number of Time Periods）を一〇として、計算（Calculate）ボタンを押す。すると、三・一八ドルという数字が得られる。つまり、ＥＰＳが年率四・五パーセントの割合で成長していくと、二〇二一年には三・一八ドルになるということである。

二〇二一年のＥＰＳが予想できれば、その時点の株価も予想できる。しかしその計算は、二〇二一年に株式市場が同社の株式を、どの程度の株価収益率（PER）で評価しているかに左右される。USバンコープの場合、過去一〇年で最低のPERは、二〇一一年の一二・三倍だった。そこで二〇二一年のPERを一二・三倍と仮定すると、同年の株価はおよそ三九・一一ドルになる（三・一八ドル×一二・三倍＝三九・一一ドル）。USバンコープの株式を、二〇一一年に二四ドルで購入し、二〇二一年に三九・一一ドルで売却したとすると、売却益は一株あたり一五・一一ドルとなる。また、投資収益率は六二パーセント、この一〇年間の年平均収益率は複利ベースで五パーセントとなる。

USバンコープは二〇〇九年の財政破綻時に配当を減額したが、二〇一一年には〇・五〇ドルの配当を支払うと予想されている。そこで、同社がこの配当を二〇二一年まで維持できたとすると、投資家が受け取る金額は、売却価格三九・一一ドルおよび一〇年分の配当五ドル（〇・五〇ドル×一〇年＝五ドル）となり、合計四四・一一ドルとなる。つまり、投資収益率は八三パーセント、この一〇年間の年平均収益率は複利ベースで六・二八パーセントに増える。

問題は、今後一〇年間のこの予想収益率が魅力的かどうかだ。バフェットは魅力的と考えたからこそ、二四億ドルもの資金をUSバンコープに投じたのである。

# 第21章 ウォルマート・ストアーズ

| | |
|---|---|
| **本社所在地** | 702 SW 8th Street<br>Bentonville, AR 72716 USA |
| **電話** | (479) 273-4000 |
| **ウェブサイト** | http://www.walmartstores.com |
| **業種** | ディスカウント小売業<br>(食料品ほか、ほぼすべてのものが対象) |

**基本データ**

| | |
|---|---|
| **種類** | 株式公開企業 |
| **設立** | 1962年 |
| **従業員数** | 200万人以上(民間企業としては世界最大級) |
| **売上高** | 4210億ドル(2011年予想) |
| **純利益** | 153億ドル(2011年予想) |
| **EPS** | 4.45ドル(2011年予想) |
| **過去10年のEPS年平均成長率** | 11.49% |
| **BPS** | 19.35ドル(2011年度末予想) |
| **過去10年のBPS年平均成長率** | 9.40% |
| **配当/利回り** | 1.48ドル/2.68%(2011年予想) |
| **バークシャーの購入年** | 2005年、2009年 |
| **バークシャーの1株平均取得コスト** | 48ドル |
| **証券取引所** | NYSE |
| **ティッカー** | WMT |

2011年現在バークシャーは、ウォルマートの株式を3903万7142株所有している(発行済株式数のおよそ1.1パーセント)。同社の株価は現在54ドルであり、バークシャーの持ち株の価値はおよそ21億ドルとなる。その総取得コストが18億7000万ドルだったため、バークシャーはこの投資で2億3000万ドルの利益を上げていることになる。

ウォルマート・ストアーズは世界最大の小売業者であり、世界最大の売上高を誇る企業である。アメリカだけで、スーパーストア二七四七軒、ディスカウントストア八〇三軒、サムズ・クラブ五九六軒、ネイバーフッド・マーケット一五八軒を擁している（訳注：サムズ・クラブもネイバーフッド・マーケットも、ウォルマートが経営する小売店の名称）。海外に目を向けると、ラテンアメリカ、アジア、カナダ、イギリスに四〇〇〇を超える直営店舗がある。さらに、五五もの傘下企業の店舗が世界一五カ国に八四〇〇以上ある。たとえば、メキシコのウォルメックス、イギリスのアズダ、日本の西友、ブラジルのボンプレッソ、インドのベスト・プライスなどだ。そのほか、中国においても、一九九六年に深圳市に最初のスーパーストアとサムズ・クラブを開店して以来、一〇一の都市で一八九の店舗を運営している。アフリカでも、サハラ以南アフリカ最大の総合小売企業マスマートの株式の五一パーセントを獲得したばかりである。一九六二年にサム・ウォルトンが一号店を開設した際にこのような未来を思い描いていたかどうかはともかく、今やウォルマートは世界的な規模の小売帝国を築き上げた。

サム・ウォルトンは当初、ディスカウントストア経営で名を上げた。小売価格を数パーセント削り、大量販売することでその差額分を埋め合わせるとともに、顧客に優れたサービスを提供したのである。しかし、ウォルマートの成功の秘訣は別のところにあった。それは、ネブラスカ・ファニチャー・マート（NFM）の経営者ローズ・ブラムキンが一九三七年に発見した秘訣と同じである。仕入先から商品を大量に購入する見返りに、購入価格を割り引いてもらったのだ。仕入先はこうした大口顧客を求めており、大量に商品を購入すれば融通を利かせてくれる。そのためNFMもウォルマートも、商品調達コストを競合企業よりも低く抑えることが可能となり、顧客に割引価格を提供するとともに、競合企業よりも高い利益率を上げることができた。こうして競合企業をしのぐ利益を上げることで、他社を市場から追い出していったのである。

このビジネスモデルのポイントは、一度ウォルマートのような企業が市場で地位を確立してしまうと、ほかの企業が市場に参入しにくくなるということにある。というのも、こうした新興企業には、仕入先から低価格で大量に商品を購入できるほどの購買力がないからだ。一方のウォルマートは、できるかぎり安い価格で商品を購入することが可能なため、その利益の一部を顧客に還元し、残りの利益を事業の拡大に役立てることができる。

## EPS実績

二〇〇一年から二〇一一年にかけて、ウォルマートのEPSは一九六パーセント増加した。赤字になった年はなく、年率一一・四九パーセントの割合で増加した計算になる。

二〇一一年の予想EPS四・四五ドルに対し、この年の株価は五四ドルである。つまり、同年に株式を購入したとすると、その年の税引後収益率は八・二パーセントになる（四・四五ドル÷五四ドル＝八・二パーセント）。しかしこの収益率は、年率一一・四九パーセントの割合で増えていくものと予想される。

## BPS実績

二〇〇一年から二〇一一年までの間に、ウォルマートのBPSは一四五パーセント増加した。マイナスに陥った年はなく、この一〇年間の年平均成長率は複利ベースで九・四〇パーセントとなる。魅力的な成長率である。

## バフェットの購入分析

ウォルマートの二〇一一年の予想BPSは

| 年 | EPS（ドル） |
|---|---|
| 2011 | 4.45 |
| 2010 | 4.05 |
| 2009 | 3.66 |
| 2008 | 3.42 |
| 2007 | 3.17 |
| 2006 | 2.92 |
| 2005 | 2.63 |
| 2004 | 2.41 |
| 2003 | 2.03 |
| 2002 | 1.81 |
| 2001 | 1.50 |

一九・三五ドル、予想EPSは四・四五ドルである。つまり、同社の疑似債券は二〇一一年に二二パーセントの利益を生むことになる（四・四五ドル÷一九・三五ドル＝二二パーセント）。

しかし、同社の株式をBPSと同額で購入することはできない。二〇一一年の株価はおよそ五四ドルである。この価格で購入したとすると、同社の疑似債券の二〇一一年の税引後収益率は八・二パーセントになる（四・四五ドル÷五四ドル＝八・二パーセント）。しかしこの収益率は、同社の利益が増すにつれ上昇していく。その利益は今後も年率一一・四九パーセントの割合で増えていくものと予想される。

それでは、二〇一一年に一株あたり四・四五ドルだった利益が年率およそ一一・四九パ

| 年 | BPS（ドル） |
|---|---|
| 2011 | 19.35 |
| 2010 | 18.80 |
| 2009 | 18.69 |
| 2008 | 16.63 |
| 2007 | 16.26 |
| 2006 | 14.91 |
| 2005 | 12.77 |
| 2004 | 11.67 |
| 2003 | 10.12 |
| 2002 | 8.95 |
| 2001 | 7.88 |

ーセントで成長していくと、一〇年後にはいくらになるのだろうか? http://www.investopedia.com/calculator/FVCal.aspx にある将来価値計算ソフトを使って計算してみよう。

期間ごとの利率 (Interest Rate Per Time Period) を一一・四九パーセント、現在価値 (Present Value) を四・四五ドル、期間数 (Number of Time Periods) を一〇として、計算 (Calculate) ボタンを押す。すると、一三・二〇ドルという数字が得られる。つまり、二〇二一年の予想EPSがおよそ一三・二〇ドルだということである。

二〇二一年のEPSが予想できれば、その時点の株価も予想できる。しかしその計算は、二〇二一年に株式市場が同社の株式を、どの程度の株価収益率 (PER) で評価しているかに左右される。ウォルマートの場合、過去一〇年で最低のPERは、二〇一一年の一三倍だった。そこで二〇二一年のPERを一三倍とすると、同年の株価は一七一・六〇ドルになる (一三・二〇ドル×一三倍=一七一・六〇ドル)。ウォルマートの株式を、二〇一一年に一株五四ドルで購入し、二〇二一年に一株一七一・六〇ドルで売却したとすると、売却益は一株あたり一一七・六〇ドルとなる。また、投資収益率は二一七パーセント、この一〇年間の年平均収益率は一二・二六パーセントになる。

さらにウォルマートは、過去一七年間にわたり、毎年一貫して配当を増額してきた。そこで同社が、二〇一一年の一株あたり予想配当一・四八ドルを二〇二一年まで維持できたとすると、投資家が受け取る金額は、売却価格一七一・六〇ドルおよび一〇年分の配当一四・八〇ドルとなり、合計一八六・四〇ドルとなる。つまり、投資収益率は二四五パーセント、この一〇年間の年平均収益率は一三・一九パーセントに増える。

この計算には、http://www.moneychimp.com/calculator/discount_rate_calculator.htm を利用するといい。現在価値（Present Value）を五四ドル、将来価値（Future Value）を一八六・四〇ドル、年数（Years）を一〇として、計算（Calculate）ボタンを押す。その結果得られる数字が、複利ベースの年平均成長率（収益率）である。この場合は、一三・一九パーセントとなる。

今後一〇年間のこの予想収益率は、投資家にとって魅力的な数字と言えるだろうか？バフェットはこれを魅力的と考えているからこそ、二一億ドルもの資金をウォルマート株に託し続けているのである。

# 第22章 ワシントン・ポスト・カンパニー

| | |
|---|---|
| **本社所在地** | 1150 15th Street, NW<br>Washington, DC 20071 USA |
| **電話** | (202)334-6000 |
| **ウェブサイト** | http://www.washpostco.com |
| **業種** | 新聞発行／テレビ局運営 |

**基本データ**

| | |
|---|---|
| **種類** | 株式公開企業 |
| **設立** | 1877年 |
| **従業員数** | 18,000人 |
| **売上高** | 47億ドル(2011年予想) |
| **純利益** | 2億7500万ドル(2011年予想) |
| **EPS** | 34.75ドル(2011年予想) |
| **過去10年のEPS年平均成長率** | 8.39% |
| **BPS** | 427ドル(2011年度末予想) |
| **過去10年のBPS年平均成長率** | 9.59% |
| **配当／利回り** | 9.40ドル／2.78%(2011年予想) |
| **バークシャーの購入年** | 1973年、1974年 |
| **バークシャーの1株平均取得コスト** | 6.36ドル |
| **証券取引所** | NYSE |
| **ティッカー** | WPO |

2011年現在バークシャーは、ワシントン・ポストの株式を172万7765株所有している(発行済株式数の18.2パーセント)。同社の株価は現在338ドルであり、バークシャーの持ち株の価値はおよそ5億8300万ドルとなる。その総取得コストが1100万ドルだったため(1株あたり6.36ドル)、バークシャーはこの投資で5億7200万ドルの利益を上げていることになる。

ワシントン・ポストは、アメリカの有力紙であるワシントン・ポスト紙（一日の発行部数は六一万五六二八部）のほか、ワシントン州エベレットを拠点とするヘラルド紙を所有している。また傘下には、大手ネットワーク系列のテレビ局六社に加え、一九の州の地方市場で活躍している小規模ケーブルテレビ会社が無数にある（受信契約者は七〇万人）。さまざまな種類の学校試験や職能試験対策のプログラムを展開しているカプランも、ワシントン・ポストの子会社である。

要するにワシントン・ポストには、利益を上げるための手段が数多く存在するということだ。これは、インターネットの台頭により新聞が急速に過去の遺物となりつつあることを考えれば、望ましいことと言えるだろう。しかし、新聞はまだ生命を終えてはいない。ワシントン・ポストのほかの子会社も含め、メディアはいまだ利益を上げることのできる産業なのだ。

最近の不況により広告収入が落ち込んでいるため、二〇一一年の同社の税引後純利益は二億七五〇〇万ドルと予想されている。これは、バブルの頂点にあった二〇〇六年の純利益のおよそ八三パーセントでしかない。しかし注意してもらいたい。二〇〇五年、同社の純利益は三億一四〇〇万ドル、ＥＰＳは三二・七〇ドルだった。一方、二〇一一年を見ると、予想純利益が二億七五〇〇万ドル、予想ＥＰＳが三四・七五ドルと、純利益は下がっているのにＥＰＳは増加している。このようなことがあり得るのか？

これが自社株買いのマジックである。ワシントン・ポストは定期的に自社株買いを行っている。そのため発行済株式数は、二〇〇五年から二〇一一年の間に、九六〇万株から七七五万株へ一九・二パーセントも減少している。これはEPSを増加させる役目を果たす。試しに計算してみよう。二〇〇五年の純利益三億一四〇〇万ドルを発行済株式数九六〇万株で割ると、一株あたり利益（EPS）は三二・七〇ドルとなる（三億一四〇〇万ドル÷九六〇万株＝三二・七〇ドル）。しかし、この純利益三億一四〇〇万ドルを、二〇一一年の発行済株式数七七五万株で割ると、一株あたり利益は四〇・五一ドルになる（三億一四〇〇万ドル÷七七五万株＝四〇・五一ドル）。発行済株式数が減れば、EPSは増えるのである。

ワシントン・ポストは、新聞とテレビというきわめて成熟した分野で事業運営を行っている。それにもかかわらず、純利益を徐々に下げているこの時期にEPSを増加させ続けることができるのは、このような理由によっている。

## バフェットのこれまでの投資実績

バフェットは一九七三年から一九七四年にかけて、ワシントン・ポスト株に総額一一〇〇万ドルを投じた。一株あたりの取得コストは六・三六ドルである。それから三七年後の二〇一一年、同社のＥＰＳは三四・七五ドルになろうとしている。つまり、二〇一一年には同社の疑似債券の税引後収益率は五四六パーセントとなる。また、当時一株あたり六・三六ドルで購入した株式は、二〇一一年には三三八ドルで取引されている。ということは、バフェットの投資収益率は五二一四パーセント、この三七年間の年平均収益率は複利ベースで一一・三四パーセントとなる。これ以上望みようのない数字である。

しかし、今はもう一九七四年ではなく、ワシントン・ポスト株を六ドルで購入することなどできない。現在の株価は三三八ドルなのだ。それでは、二〇一一年に一株三三八ドルでワシントン・ポスト株を購入したら、今後どうなるだろうか？　それを予想するために、バフェット流の購入分析を行ってみよう。

## ＥＰＳ実績

ワシントン・ポストのＥＰＳ実績を見ると、二〇〇〇年から二〇一一年までの間に一四二パーセント増加していることがわかる。この一一年間に年率八・三九パーセントの割合（複利ベース）で成長したことになる（ここでは、過去一〇年ではなく過去一一年の実績を利用していることに注意してもらいたい。その理由は、不況により二〇〇一年の広告産業の収入が通常より少なかったからである。この二〇〇一年を基準年として企業評価の計算を行ってしまうと、ＥＰＳ成長率が異常に高くなり、この企業が持つ経済力に見合わない、あまりに高すぎる将来価値が算出されることになってしまう。しかしこのＥＰＳ実績はまた、不況時こそワシントン・ポスト株を購入する好機であることを示している。不況により一時的に収入が落ち込めば、短期的に株価も下落するからだ）。

二〇一一年の予想ＥＰＳ三四・七五ドルに対し、この年の株価は三三八ドルである。つまり、同年に株式を購入したとすると、その年の利益は一株あたり三四・七五ドル、収益率は一〇・二パーセントになる（三四・七五ドル÷三三八ドル＝一〇・二パーセント）。しかしこの収益率は、年率八・三九パーセントの割合で増えていくものと予想される。

| 年 | EPS（ドル） |
|---|---|
| 2011 | 34.75 |
| 2010 | 34.26 |
| 2009 | 9.78（不況） |
| 2008 | 19.22 |
| 2007 | 30.19 |
| 2006 | 34.74 |
| 2005 | 32.70 |
| 2004 | 34.59 |
| 2003 | 19.08 |
| 2002 | 22.10 |
| 2001 | 7.54（不況） |
| 2000 | 14.32 |

## ＢＰＳ実績

二〇〇〇年から二〇一一年にかけて、ワシントン・ポストのＢＰＳは一七三パーセント増加した。この一一年間の年平均成長率は複利ベースで九・五九パーセントとなる。

## バフェットの購入分析

ワシントン・ポストの二〇一一年の予想ＢＰＳは四二七ドル、予想ＥＰＳは三四・七五ドルである。つまり、同社の疑似債券は二〇一一年に八・一パーセントの利益を生むことになる。

しかし現在、同社の株式はＢＰＳ以下の価格で購入することができる。二〇一一年の株

| 年 | BPS（ドル） |
|---|---|
| 2011 | 427.00 |
| 2010 | 342.00 |
| 2009 | 315.00 |
| 2008 | 303.00 |
| 2007 | 362.00 |
| 2006 | 330.00 |
| 2005 | 274.00 |
| 2004 | 251.00 |
| 2003 | 216.00 |
| 2002 | 193.00 |
| 2001 | 177.00 |
| 2000 | 156.00 |

価はおよそ三三八ドルである。この価格で購入したとすると、同社の疑似債券の二〇一一年の収益率は一〇・二パーセントになる。つまり、初年度の収益率がそれだけ上がるということだ。しかもこの収益率は、今後も年率八・三九パーセントの割合で増えていくものと予想される。

それでは、二〇一一年に一株あたり三四・七五ドルだった利益が年率八・三九パーセントで成長していくとすれば、一〇年後にはいくらになるのだろうか? http://www.investopedia.com/calculator/FVCal.aspx にある将来価値計算ソフトを使って計算してみよう。

期間ごとの利率(Interest Rate Per Time Period)を八・三九パーセント、現在価値(Present Value)を三四・七五ドル、期間数(Number of Time Periods)を一〇として、計算(Calculate)ボタンを押す。すると、七七・七八ドルという数字が得られる。つまり、二〇二一年の予想EPSが七七・七八ドルだということである。

二〇二一年のEPSが予想できれば、その時点の株価も予想できる。しかしその計算は、二〇二一年に株式市場が同社の株式を、どの程度の株価収益率(PER)で評価しているかに左右される。ワシントン・ポストの場合、過去一五年で最低のPERは、二〇一一年の一二・五倍だった。そこで二〇二一年のPERを一二・五倍とすると、同年の株価は九七二・二五ドルになる(七七・七八ドル×一二・五倍=九七二・二五ドル)。ワシントンン・ポストの株式を、二〇一一年に一株三三八ドルで購入し、二〇二一年に一株九七二・二五ドルで売却したとすると、売却益は一株あたり六三四・二五ドルとなる。また、投資収益率は一八七パーセント、この一〇年間の年平均収益率は一一・一四パーセントになる。

さらにワシントン・ポストは、過去一〇年間にわたり一貫して配当を増額してきた。そこで同社が、二〇一一年の一株あたり予想配当九・四〇ドルを二〇二一年まで維持できたとすると、投資家が受け取る金額は、売却価格九七二・二五ドルおよび一〇年分の配当九四ドルとなり、合計一〇六六・二五ドルとなる。つまり、投資収益率は二一五パーセント、この一〇年間の年平均収益率は一二・一七パーセントに増える。

問題は、今後一〇年間のこの予想収益率が魅力的かどうかだ。バフェットはこれを魅力的と考えているからこそ、五億八三〇〇万ドルもの価値のあるワシントン・ポスト株をポートフォリオから外さないのである。

# 第23章 ウェルズ・ファーゴ&カンパニー

**本社所在地** 420 Montgomery Street
San Francisco, CA 94104 USA
**電話** (800)292-9932
**ウェブサイト** http://www.wellsfargo.com

**業種** 小売銀行業務/商業銀行業務

**基本データ**

| | |
|---|---|
| **種類** | 株式公開企業 |
| **設立** | 1852年 |
| **従業員数** | 158,900人 |
| **純利益** | 155億ドル(2011年予想) |
| **EPS** | 2.85ドル(2011年予想) |
| **過去10年のEPS年平均成長率** | 11.15% |
| **BPS** | 22.45ドル(2011年度末予想) |
| **過去10年のBPS年平均成長率** | 11.19% |
| **配当/利回り** | 0.48ドル/1.65%(2011年予想) |
| **バークシャーの購入年** | 1989年、1990年、1998年、2005年、2008年、2009年、2010年 |
| **バークシャーの1株平均取得コスト** | 22.32ドル |
| **証券取引所** | NYSE |
| **ティッカー** | WFC |

2011年現在バークシャーは、ウェルズ・ファーゴの株式を3億5893万6125株所有している(発行済株式数の6.8パーセント)。同社の株価は現在28ドルであり、バークシャーの持ち株の価値はおよそ100億ドルとなる。その総取得コストが80億1100万ドルだったため(1株あたり平均22.32ドル)、バークシャーはこの投資でおよそ20億ドルの利益を上げていることになる。

バフェットとウェルズ・ファーゴとの関係は、一九八九～九〇年の金融危機に始まる。バフェットはその際に、二億八九四〇万ドルを投じて同社の株式を五〇〇万株購入した。それから二〇年の間に追加投資を行い、また株式分割もあったおかげで、持ち株は三億五八九〇万株にまで増えた。時価総額はおよそ一〇〇億ドルである。最近の金融危機の際には、二〇〇八年、二〇〇九年、二〇一〇年と積極的に同社株を買い増しており、今やウェルズ・ファーゴ株は、バフェットの株式保有高ランキングの第二位に位置している（一位はコカ・コーラ）。

ウェルズ・ファーゴは、アメリカン・エキスプレスを設立したヘンリー・ウェルズとウィリアム・G・ファーゴにより、一八五二年に創設された。当初は、ゴールドラッシュで富にあふれていたカリフォルニア州で銀行サービスを提供していたが、以後一六〇年にわたる歴史の中で合併や買収を繰り返し、総資産でアメリカ第二の規模を誇る銀行に成長した。ウェルズ・ファーゴは長らく、誰もが望むS&PのAAA格付けを保持していたアメリカでは唯一の銀行だった。二〇〇八年の金融危機の際にAAマイナスに格下げされて以来、現在もその状態が続いているが、金融危機の最中に純利益を上げた数少ない銀行の一つである。バフェットはウェルズ・ファーゴを、アメリカの大手銀行の中ではもっとも経営状態の優れた銀行だと考えている。

## 一九八九～九〇年に発生した不動産バブル崩壊

バフェットがウェルズ・ファーゴ株の購入を始めたのは、一九八九～九〇年の不動産バブル崩壊により銀行株が下落した時である。その時バフェットには、買いに走るだけの現金が十分にあったのだ。世界中のファンドマネージャーが銀行株を手放している最中、バフェットは満を持して市場に乗り込み、ウェルズ・ファーゴに多額の投資をした。

この投資を行った際に、バフェットが投資家にどのような説明をしたのかを以下に紹介しよう。

ウェルズ・ファーゴには、この業界では右に出る者のいない優れた経営者、カール・ライチャートとポール・ヘイゼンがいます。この二人は多くの点で、キャピタル・シティーズ／ABCの経営者コンビ、トム・マーフィとダン・バークを連想させます。第一に、どちらのコンビも1＋1＝2以上の力を発揮します。それぞれがお互いを理解し、信用し、尊敬しているからです。第二に、どちらの経営者ペアも有能な人材には出費を惜しみません。その一方で、必要以上に人員が増えることを嫌います。第三にどちらも、記録的な利益を上げている時でも利益が圧迫されている時でも同じように、積極的にコスト削減に取り組みます。そして最後に、どちらも自分たちの理解の範囲を弁えており、慢心に陥ることなく、自分たちの能力に応じた将来設計を行います(IBMのトーマス・J・ワトソン・シニアも同じことを言っています。「私は何でも知っているわけではない。確かにある分野には精通しているかもしれないが、その分野以外に手を出そうとは思わない」)。

私たちは一九九〇年、銀行株の混乱に乗じてウェルズ・ファーゴ株を購入しました。その混乱は当然の結果でした。評判のよかった銀行がきわめて愚かな融資判断をしていたことが、毎月のように明るみになりました。経営陣が何も問題はないと言った矢先に、多大な損失が次から次へと発表されることもしばしばでした。銀行が発表する数字は信用できないと投資家が考えるのも当然です。こうして投資家が銀行株を売り払ったおかげで、私たちはウェルズ・ファーゴ株の一〇パーセントを、二億九〇〇〇万ドルで購入することができました。税引後利益の五倍未満、税引前利益の三倍未満の価格です。

ウェルズ・ファーゴは、総資産五六〇億ドルの大企業です。株主資本利益率は二〇パーセント以上、総資産利益率も一・二五パーセントを超えています。この銀行の一〇分の一を取得するのなら、同じような財務特性を持つ五〇億ドル規模の銀行を一〇〇パーセント取得してもよかったのではないかと言う人がいるかもしれません。しかし、そのような買収をすれば、ウェルズ・ファーゴに支払った二億九〇〇〇万ドルのおよそ二倍もの額を支払わなければならないかもしれません。また、こうした余計な出費に加え、五〇億ドル規模の銀行には別の問題もあります。カール・ライチャートのような優れた経営者がいないということです。最近の銀行業界は、ウェルズ・ファーゴの役員を自行に招き入れようと躍起になっていますが、ライチャートの引き抜きに成功した銀行は一つもありません。

ここで簡単な計算をしてみましょう。ウェルズ・ファーゴは現在、三億ドル以上の貸倒損失を差し引いた後でも、年間一〇億ドルを優に超える税引前利益を上げています。一九九一年に、不動産ローンを始め、同行が行っている融資の総額四八〇億ドルの一〇パーセントが何らかの問題を被り、その金利どころか、元本が平均三〇パーセント失われてしまったとしても、それで収支がほぼ合う計算になります。（中略）

そんな年になる可能性はきわめて低いと思いますが、もしそうなったとしても心配には及びません。たとえその年に利益を上げられなかったとしても、いずれ二〇パーセントの株主資本利益率を達成し、株主資本を増大させていくと思われます。バークシャーは、そのような企業に対し、買収や投資を行うようにしているのです。しかしそれにもかかわらず、ニューイングランドで経験した不動産不況と同じような現象がカリフォルニアでも起こるのではないかという懸念から、ウェルズ・ファーゴの株価は、一九九〇年の数カ月の間に五〇パーセント近く下落しました。確かに私たちは、これまで下落前の市価で株式を購入していましたが、それでも下落は大歓迎でした。さらに多くの株式を恐慌価格で購入できるからです。

生涯にわたり投資を続けていきたいという投資家であれば、市場の変動に対し、同様の考え方をすべきです。それなのに、愚かにも株価が上がれば有頂天になり、株価が下がればふさぎ込む、そんな投資家がたくさんいます。

つまり、誰も欲しがっていない時にウェルズ・ファーゴ株を買えということだ。実際バフェットは、二〇〇八年、二〇〇九年、二〇一〇年にもそれを実践している。二〇一一年に至ってもなお市場が低迷している以上、おそらくバフェットはまだ買いの立場を崩していないはずだ。それでは、ウェルズ・ファーゴの財務数字を確認し、買いの根拠や買いのポイントがどこにあるのかを見ていこう。

## バフェットがウェルズ・ファーゴ株を買う理由

前述のバフェットの説明には、一九九〇年の金融危機の際、バフェットがウェルズ・ファーゴ株購入を決断するに至った根拠が示されている。まずそれを、二〇一一年の状況に当てはめて考えてみよう。ウェルズ・ファーゴの二〇一一年の総資産は一兆三二〇〇億ドル、税引後の純利益は一五五億ドルと予想されている。同行の融資総額の一〇パーセント（一三二〇億ドル）で何らかの問題が生じ、これらの不良債権の元本の三〇パーセント（およそ三二〇億ドル）が失われてしまったと仮定しよう。それでもウェルズ・ファーゴは、二年分余りの純利益があれば、その損失を埋め合わせることができる（一五五億ドル×二年＝三一〇億ドル）。実際には、二〇一一年の貸付損失は一四〇億ドル前後と予想されており、一年分の純利益があれば対処可能な、十分に安全なレベルにあると言えるであろう。

二〇一一年現在のウェルズ・ファーゴが、長期にわたり株式を保有したくなるような企業かどうかを調べるため、ほかの財務数字にも目を通してみよう。

## ＥＰＳ実績

二〇〇一年から二〇一一年までの間に、ウェルズ・ファーゴのＥＰＳは一八七パーセント増加した。この一〇年間に、年率一一・一五パーセントの割合（複利ベース）で増えた計算になる。

二〇一一年の予想ＥＰＳ二・八五ドルに対し、この年の株価は二八ドルである。つまり、同年に株式を購入したとすると、その年の税引後利益は一株あたり二・八五ドル、収益率は一〇・一パーセントになる。しかしこの収益率は、年率一一・一五パーセントの割合で増えていくものと予想される。

## BPS実績

二〇〇一年から二〇一一年にかけて、ウェルズ・ファーゴのBPSは一八八パーセント増加した。この一〇年間の年平均成長率は複利ベースで一一・一九パーセントである（次ページの表参照）。

## バフェットの購入分析

ウェルズ・ファーゴの二〇一一年の予想B

| 年 | EPS（ドル） |
|---|---|
| 2011 | 2.85 |
| 2010 | 2.21 |
| 2009 | 1.75 |
| 2008 | 0.70 |
| 2007 | 2.38 |
| 2006 | 2.49 |
| 2005 | 2.25 |
| 2004 | 2.05 |
| 2003 | 1.83 |
| 2002 | 1.66 |
| 2001 | 0.99 |

PSは二二・四五ドル、予想EPSは二・八五ドルである。つまり、同社の疑似債券は二〇一一年に一二・六パーセントの利益を生むことになる。

現在、同社の株式をBPSと同額で購入することはできないが、株価はそれに近い値を示している。二〇一一年の株価はおよそ二八ドルなので、この価格で購入したとすると、同社の疑似債券の二〇一一年の税引後収益率は一〇・一パーセントになる（二・八五ドル÷二八ドル＝一〇・一パーセント）。しかしこの収益率は、同社の利益が増すにつれ上昇していく。その利益は、今後も年率一一・一五パーセントの割合で増えていくものと予想される。

それでは、二〇一一年に一株あたり二・八五ドルだった利益が年率一一・一五パーセン

| 年 | BPS（ドル） |
|---|---|
| 2011 | 22.45 |
| 2010 | 22.33 |
| 2009 | 19.94 |
| 2008 | 16.02 |
| 2007 | 14.31 |
| 2006 | 13.47 |
| 2005 | 11.61 |
| 2004 | 10.83 |
| 2003 | 9.86 |
| 2002 | 8.67 |
| 2001 | 7.77 |

トで成長していくとしたら、一〇年後にはいくらになるのだろうか？　http://www.investopedia.com/calculator/FVCal.aspx にある将来価値計算ソフトを使えば、簡単に計算できる。

期間ごとの利率（Interest Rate Per Time Period）を一一・一五パーセント、現在価値（Present Value）を二・八五ドル、期間数（Number of Time Periods）を一〇として、計算（Calculate）ボタンを押す。すると、八・二〇ドルという数字が得られる。二〇二一年の予想EPSが八・二〇ドルだということである。つまり、二〇一一年にウェルズ・ファーゴの株式を一株二八ドルで購入しておけば、二〇二一年には、一株あたりの投資額二八ドルに対する収益率は二九・二パーセントになる。

二〇二一年のEPSが予想できれば、その時点の株価も予想できる。しかしその計算は、二〇二一年に株式市場が同社の株式を、どの程度の株価収益率（PER）で評価しているかに左右される。ウェルズ・ファーゴの場合、過去一〇年で最低のPERは、二〇一一年の一二・七倍だった。そこで二〇二一年のPERを一二・七倍とすると、同年の株価は一〇四・一四ドルになる（八・二〇ドル×一二・七倍＝一〇四・一四ドル）。

ウェルズ・ファーゴの株式を、二〇一一年に一株二八ドルで購入し、二〇二一年に一株一〇四・一四ドルで売却したとすると、売却益は一株あたり七六・一四ドルとなる。また、投資収益率は二七一パーセント、この一〇年間の年平均収益率は一四・〇四パーセントになる。

ウェルズ・ファーゴは、二〇〇九年の財政破綻時にこそ配当を減額したが、二〇一一年には一株あたり〇・四八ドルの配当を支払うと予想される。そこで、同社がこの配当を二〇二一年まで維持できたとすると、投資家が受け取る金額は、売却価格一〇四・一四ドルおよび一〇年分の配当四・八〇ドルとなり、合計一〇八・九四ドル。つまり、投資収益率は二八九パーセント、この一〇年間の年平均収益率は一四・五五パーセントに増える。

問題は、今後一〇年間のこの予想収益率が魅力的かどうかだ。バフェットがこの数字に興味を抱いていることは間違いない。バフェットはこれまで、八〇億ドルもの資金をウェルズ・ファーゴに投資してきた。市場が低迷し、ウェルズ・ファーゴ株が魅力的な収益率を約束してくれる買値にまで落ち込んだ時には必ず、同社株を買い増しているのである。

# 第24章　マンガー、コームズ、ウェシュラーの投資戦略

バークシャー・ハサウェイの株式ポートフォリオには、バフェットのパートナーであるチャーリー・マンガーが行っている投資も含まれている。また、バフェットを補佐し、バークシャーのポートフォリオの一部を運用させるために雇い入れた二人の新人、トッド・コームズとテッド・ウェシュラーが手がけている投資もある。この三人の投資戦略はバフェットの投資戦略とは必ずしも一致しないため、個別に説明しておいたほうがいいだろう。

## チャーリー・マンガー

チャーリー・マンガーは、何よりもまず相談役として、バフェットの投資決断に影響を及ぼしてきた。しかし、バフェットの基準からすれば確実に安全な投資とは言えないのに、マンガーが自身のアイデアを主張し、バフェットを説得して投資を断行した例がないわけではない。そのような事例の一つが、中国のＢＹＤカンパニーへの投資である。

# BYD

**ウェブサイト**

……http://www.byd.com.cn

**業種**

……バッテリー／自動車

**中国での銘柄記号**

……002594.SZ（http://finance.yahoo.com/q?s=002594.SZ&ql=1）

**香港証券取引所での銘柄記号**

……HKG:1211（http://www.marketwatch.com/investing/stock/1211?countrycode=hk）

**アメリカで店頭取引されているADRのティッカー**

……BYDDY（バークシャーが保有している株式はADRではない）

2011年現在、バークシャーはBYDの株式を2億2500万株所有している（発行済株式数の9.9パーセント）。2008年、バークシャーはこの株式を1株あたり1.03ドル、総額2億3200万ドルで購入した。BYD株は現在、中国で1株3.63米ドル相当で取引されているので、バークシャーの持ち株の価値はおよそ8億1670万ドルとなる。

マンガーは、ＢＹＤの創設者兼会長である王伝福についてこう語っている。「トーマス・エジソンとジャック・ウェルチを合わせたような人物だ。技術的な問題を解決するエジソンのような能力と、すべきことを成し遂げるウェルチのような能力を兼ね備えている。こんな才能は見たことがない」ＢＹＤに好意を寄せたマンガーは、自身の資金およそ二五〇〇万ドルを同社に投資するとともに、バフェットにもその株式を購入するよう働きかけたのである。

マンガーはまた、ＢＹＤの歴史にも感銘を受けたという。王伝福は一九九五年、親類から借りた三〇万米ドルを元手に同社を設立した。その目的は、自国で充電バッテリーを製造し、ソニーやサンヨー製の輸入品に対抗するためである。ＢＹＤはそれから五年の間に、世界市場で競争できるまでに成長を遂げると同時に、モトローラやノキア、サムスンと提携し、携帯電話機の設計・製造へと業務を拡大している。

二〇〇三年、破産の危機に瀕していた中国国営の自動車会社を買収すると、二〇〇八年にはその自動車会社のＦ３モデルが中国の自動車販売台数のトップに立った。現在では、バッテリー技術を自動車ビジネスに応用し、電気自動車の生産を行っている。一三万人の従業員を抱え、中国国内に八つの工場を構えるほか、インド、ハンガリー、ルーマニアにも一つずつ工場がある。

では、同社の経営状況はどうなのだろうか？　これまでのところは問題なかった。二〇一〇年のＥＰＳは〇・一七ドル、売上総利益率は一九パーセント、株主資本利益率は一四パーセントだった。しかし二〇一一年前半、自動車販売数の落ち込みにより純利益は九〇パーセント下落した。アメリカでも中国でも、自動車産業において永続的な競争優位性を確立するのは難しいのである。しかしマンガーは、ＢＹＤの創設者の才能を強く信じている。だからこそバークシャーは、同社株を保持し続けているのだ。

## トッド・コームズ

トッド・コームズは現在、投資顧問という立場にいるが、バフェットの後継者としてバークシャーのCEO（最高経営責任者）になる可能性の高い人物である。二〇一一年一月に就任して以来、マスターカードとダラー・ゼネラルに投資を行っている。

## マスターカード

**ウェブサイト**
……http://www.mastercard.com

**業種**
……クレジットカードサービス

**NYSEのティッカー**
……MA

2011年現在、バークシャーはマスターカードの株式を20万株所有している。2011年に、1株あたり233ドル、総額およそ4600万ドルで購入したものである。2011年秋の時点でマスターカード株は323ドルで取引されているため、バークシャーの持ち株の価値はおよそ6460万ドルとなる。

マスターカードは、あらゆる財務数字から判断して、永続的な競争優位性を備えている企業だと言える。株主資本利益率、投下資本利益率がどちらも三七パーセントと高く、長期債務はゼロである。設立は一九六五年だが、株式公開をしたのは二〇〇六年になってからなので、過去四年間の実績しか見られないが、その間のEPSの年平均成長率は二一パーセント、BPSの年平均成長率は一九・五パーセントとなっている。同社はまた、自社株買いを積極的に行っている。

二〇一一年の予想EPSが一七・五〇ドルなのに対し、この年の株価は三二三ドルである。つまり、同年に株式を購入したとすると、その年の税引後の収益率は五・四パーセントである。しかし、マスターカードのEPSが今後一〇年間も年率二一パーセントの割合で増えていくと仮定すると、二〇二一年の予想EPSは一一七ドルとなる。さらに、二〇二一年のPERを過去最低の一六倍とすると、同年の株価は一八七二ドルになる。同社の株式を、二〇一一年に一株三二三ドルで購入し、二〇二一年に一株一八七二ドルで売却したとすると、この一〇年間の年平均収益率は複利ベースで一九・二一パーセントとなる。マスターカードがこの半分の実績しか上げられず、EPSの年平均成長率が一〇・五パーセントしかなかったとしても、今後一〇年間に八・九三パーセントの年平均収益率が見込める計算になる。

# ダラー・ゼネラル・コーポレーション

**ウェブサイト**
……http://www.dollargeneral.com

**業種**
……小売業

**NYSEのティッカー**
……DG

2011年現在、バークシャーはダラー・ゼネラルの株式を150万株所有している。2011年の第2四半期に、1株あたり31ドル、総額およそ4650万ドルで購入したものである。2011年秋の時点でダラー・ゼネラル株は36ドルで取引されているため、バークシャーの持ち株の価値はおよそ5400万ドルとなる。

ダラー・ゼネラルはいわば、小さな町のウォルマートだ。ウォルマートが出店するには小さすぎる人口二万人以下の町をターゲットにしているのである。一九五五年に創業して以来、現在ではアメリカ各地の小さな町に九四九六もの店舗を構えている。潤沢なキャッシュフローを生み出していたため、二〇〇七年にコールバーグ・クラビス&ロバーツを主とする投資グループに買収されて非公開企業となったが、二〇〇九年には再び株式公開企業となった。

　ダラー・ゼネラルの何が魅力的かと言えば、売上総利益率（三四パーセント）、営業利益率（一一パーセント）、純利益率（五・三パーセント）がいずれも、ウォルマートやコストコよりも高い値を示していることである。ちなみに、ウォルマートの売上総利益率は二六パーセント、営業利益率は七・五パーセント、純利益率は三・五パーセント、コストコの売上総利益率は一三パーセント、営業利益率は三・九パーセント、純利益率は一・七パーセントである。ダラー・ゼネラルの売上高は一四六億ドルであり、ウォルマートの四四五〇億ドル、コストコの八五〇億ドルと比べると雲泥の差があるが、利益を上げるということに関して言えば、規模が小さいほうがいい場合もある。

　ダラー・ゼネラルが非公開企業となった当時、同社には多額の債務があり、その支払いに窮していた。しかし非公開企業となったおかげで配当を支払う必要がなくなり、債務の支払いが楽になった。

　二〇一一年の予想EPSが二・二五ドルなのに対し、この年の株価は三六ドルである。つまり、同年に株式を購入したとすると、その年の税引後の収益率は六・二パーセントである。しかし、ダラー・ゼネラルのEPSが今後一〇年間もこれまで同様、年率一三パーセントの割合で増えていくと仮定すると、二〇二一年の予想EPSは七・六四ドルとなる。さらに、二〇二一年のPERを過去最低の一四倍とすると、同年の株価は一〇六・九六ドルになる（七・六四ドル×一四倍＝一〇六・九六ドル）。同社の株式を、二〇一一年に一株三六ドルで購入し、二〇二一年に一株一〇六・九六ドルで売却したとすると、この一〇年間の年平均収益率は複利ベースで一一・五パーセントとなる。

トッド・コームズはもちろんバフェットではないが、バークシャー入社一年目の投資選択はきわめてバフェット的である。マスターカードもダラー・ゼネラルも、その経営状況を見ると、ある種の永続的競争優位性により利益を上げていることがわかる。コームズやその銘柄選択については、今後さらに深く追究していきたい。

## テッド・ウェシュラー

新顔のテッド・ウェシュラーは、公式には二〇一二年初めに入社した。ウェシュラーが一九九九年に設立したヘッジファンド、ペニンシュラ・キャピタル・アドバイザーズは、過去一一年にわたり年率二六パーセントの割合で成長を遂げている。この期間に世界大恐慌以来最悪の不況があったことを考えれば、これは驚くべき数字である。ウェシュラーはちょうど、バフェットを三〇歳程度若返らせたようなイメージの男だ。すばらしい知性に恵まれ、バフェット同様、企業の年次報告書を読み、集中型ポートフォリオを運用し、長期にわたり投資対象を保有し続けることにこだわっている。ただし、バフェットとは異なる点もある。ウェシュラーは空売りも行っているのだ（バフェットは、損失が無制限にふくらむ可能性があるとして、二〇代にはすでに空売りから手を引いている）。本書を執筆している時点ではまだ、バークシャーでの仕事を始めていないため、ウェシュラーの投資選択について報告することはできない。しかし、バークシャーでもヘッジファンド時代並みの業績を上げることができれば、バークシャーの株主が大満足することは間違いないだろう。

## おわりに

バフェットの株式ポートフォリオの検証作業は楽しんでもらえただろうか？　冒頭でも述べたように、本書では、バフェットがすでに永続的な競争優位性を持つと判断した企業のみを取り上げている。永続的な競争優位性を持つ企業かどうかを判断する方法について、もっと詳しく知りたい方には、私たちの前著『麗しのバフェット銘柄』（邦訳・パンローリング、二〇〇七年）および『史上最強の投資家バフェットの財務諸表を読む力』（邦訳・徳間書店、二〇〇九年）をお勧めする。

本書の内容について、あるいはバフェットの投資戦略について具体的な質問があれば、遠慮なく問い合わせてほしい。メールアドレスはmarybuffettology@gmail.com、もしくはdavidbuffettology@gmail.comである。また、定期的にバフェットロジー投資セミナーも開催しているので、こうした機会を利用してもらいたい。

さあ、あなたも銘柄探しの旅に出発しよう！

メアリー・バフェット、デビッド・クラーク

■著者

## メアリー・バフェット　Mary Buffett

ウォーレン・バフェットの投資法（バフェットロジー）についてのベストセラー作家。企業コンサルタント、大学講師、世界各国で講演者としても活躍。バフェットの息子ピーターの元夫人。

## デビッド・クラーク　David Clark

バフェットロジーの研究家にして、投資法についての権威者。バフェットの故郷ネブラスカ州オマハで、弁護士、ポートフォリオ・マネージャーとしても活躍。

共著の邦訳本として、『億万長者をめざすバフェットの銘柄選択術』（日本経済新聞出版社、2002、“*The Buffettology Workbook*”）、『麗しのバフェット銘柄』（パンローリング、2007、“*The New Buffettology*”）、『史上最強の投資家バフェットの教訓』（2008、“*The Tao of Warren Buffett*”）、『史上最強の投資家バフェットの財務諸表を読む力』（2009、“*Warren Buffett and the Interpretation of Financial Statements*”）、『史上最強の投資家バフェットの大不況を乗り越える知恵』（2010、“*Warren Buffett's Management Secrets*”、いずれも徳間書店）。

■訳者

## 山田美明（やまだ・よしあき）

英語・フランス語翻訳家。
訳書に『ルワンダ大虐殺』（晋遊舎）、『史上最大のボロ儲け』、『急騰株はコンビニで探せ』（共に阪急コミュニケーションズ）、『毒のある美しい植物』、『太陽、月、そして地球』（共に創元社アルケミスト双書）などがある。

## ウォーレン・バフェット　Warren Buffett

アメリカの最も著名な投資家。世界最大の投資持株会社バークシャー・ハサウェイ（ネブラスカ州オマハ）の会長兼CEO（最高経営責任者）。

# バフェットの株式《かぶしき》ポートフォリオを読《よ》み解《と》く

2012年9月9日　初版発行

著　　者　メアリー・バフェット／デビッド・クラーク
訳　　者　山田美明
発 行 者　五百井健至
発 行 所　株式会社阪急コミュニケーションズ
〒153－8541　東京都目黒区目黒1丁目24番12号
電話　販売（03）5436－5721
編集（03）5436－5735
振替　00110－4－131334
翻訳協力　リベル
校　　正　円水社
印刷・製本　図書印刷株式会社

©Yoshiaki Yamada, 2012
Printed in Japan
ISBN978-4-484-12118-5
落丁・乱丁本はお取り替えいたします。

## 阪急コミュニケーションズの好評既刊

**新版 人生を変える80対20の法則**
リチャード・コッチ　仁平和夫／高遠裕子 訳
世界的ロングセラーに新版が登場！「80対20の法則」を徹底解説。無駄な努力をせず、最小限の努力で最大限の成果を上げるには？
●1600円　ISBN978-4-484-11109-4

**エクセレントな仕事人になれ！**
「抜群力」を発揮する自分づくりのためのヒント163
トム・ピーターズ　杉浦茂樹 訳
世界的な経営コンサルタント、「仕事の成功哲学」を語る！　独創性とエクセレンスを信条とするピーターズのビジネス人生論の集大成。
●1800円　ISBN978-4-484-11112-4

トム・ピーターズのサラリーマン大逆襲作戦①
**ブランド人になれ！**
トム・ピーターズ　仁平和夫 訳
誰にも頼らず自分の力で生きていける人、それがブランド人だ。本物のプロをめざすサラリーマンのためのバイブル第1弾。
●1300円　ISBN978-4-484-00307-8

トム・ピーターズのサラリーマン大逆襲作戦②
**セクシープロジェクトで差をつけろ！**
トム・ピーターズ　仁平和夫 訳
しびれるほどカッコいいか——勝負はそこだ。つまらない仕事をものすごいプロジェクトに変える50項目プラスアルファ。
●1300円　ISBN978-4-484-00312-2

トム・ピーターズのサラリーマン大逆襲作戦③
**知能販のプロになれ！**
トム・ピーターズ　仁平和夫 訳
「おしゃれな経理部」「燃える総務部」……白い目で見られていた間接部門の職場を、収益を生み出す知能販売部署に変える50項目。
●1300円　ISBN978-4-484-00313-9

＊定価には別途税が加算されます。

## 阪急コミュニケーションズの好評既刊

**戦略的思考とは何か**
エール大学式「ゲーム理論」の発想法
アビナッシュ・ディキシット／バリー・ネイルバフ　菅野隆／嶋津祐一 訳
エール大学で教授されている戦略的思考の原点をわかりやすく解説。ゲーム理論入門書の決定版。ロングセラー。
●3689円　ISBN978-4-484-91123-6

**戦略的思考をどう実践するか**
エール大学式「ゲーム理論」の活用法
アビナッシュ・ディキシット／バリー・ネイルバフ　嶋津祐一／池村千秋 訳
ロングセラー『戦略的思考とは何か』の上級編。戦略IQを高めるために実用面を強化。ノーベル経済学賞受賞者T・シェリング絶賛！
●4000円　ISBN978-4-484-10108-8

**スピーチの天才100人**
達人に学ぶ人を動かす話し方
サイモン・マイヤー／ジェレミー・コウルディ　池村千秋 訳
ジョブス、ウェルチ、ヒトラー、小泉純一郎……。人々の心を動かし、社会を変えたリーダーたちの〝伝える技術〟を解き明かす。
●1800円　ISBN978-4-484-10114-9

**ホワイトスペース戦略**
ビジネスモデルの〈空白〉をねらえ
マーク・ジョンソン　池村千秋 訳
『イノベーションのジレンマ』の著者クレイトン・クリステンセンの盟友が示すイノベーションの新基準！　勝者に共通する戦略とは？
●1900円　ISBN978-4-484-11104-9

**ヤバい統計学**
カイザー・ファング　矢羽野薫 訳
ディズニーランドの行列をなくすには？　テロ対策とドーピング検査の共通点とは？　世の中を知るには、経済学より、まずは統計学です。
●1900円　ISBN978-4-484-11102-5

＊定価には別途税が加算されます。

## 阪急コミュニケーションズの好評既刊

### 20歳のときに知っておきたかったこと
スタンフォード大学 集中講義
ティナ・シーリグ　高遠裕子 訳　三ツ松新 解説

起業家精神の超エキスパートによる「この世界に自分の居場所をつくる」ための集中講義。いくつになっても人生は変えられる！
●1400円　ISBN978-4-484-10101-9

### 未来を発明するためにいまできること
スタンフォード大学 集中講義Ⅱ
ティナ・シーリグ　高遠裕子 訳　三ツ松新 解説

天才はあなたの中にある。その天才を解き放とう！　NHK『スタンフォード白熱教室』講師による「イノベーション講座」実践編。
●1400円　ISBN978-4-484-12110-9

### 急騰株はコンビニで探せ
世界一のアマチュア投資家が「プロにはできないけどあなたにはできる投資術」教えます。
クリス・カミロ　山田美明 訳

経済新聞すら読まない男が、独力で200万ドル稼いだ。ウォール街の〝プロ〟たちを出し抜いた「情報の鞘取り」とは？
●1700円　ISBN978-4-484-12112-3

### 史上最大のボロ儲け
ジョン・ポールソンはいかにしてウォール街を出し抜いたか
グレゴリー・ザッカーマン　山田美明 訳

サブプライムローンの破綻に賭け、一世一代の取引で巨万の富を手にした男の驚くべき舞台裏。「まるで推理小説だ！」（NYタイムズ）。
●1800円　ISBN978-4-484-10118-7

### バフェットとグレアムとぼく
インドの13歳少年が書いた投資入門
アリヤマン・ダルミア　前田俊一 訳

投資家一家に育った中学生がウォレン・バフェットとベンジャミン・グレアムの投資哲学をまとめた、バリュー投資の易しい指南書。
●1400円　ISBN978-4-484-11113-1

＊定価には別途税が加算されます。